なぜ憲法学者が「野党共闘」を呼びかけるのか

小林 節
Kobayashi Setsu

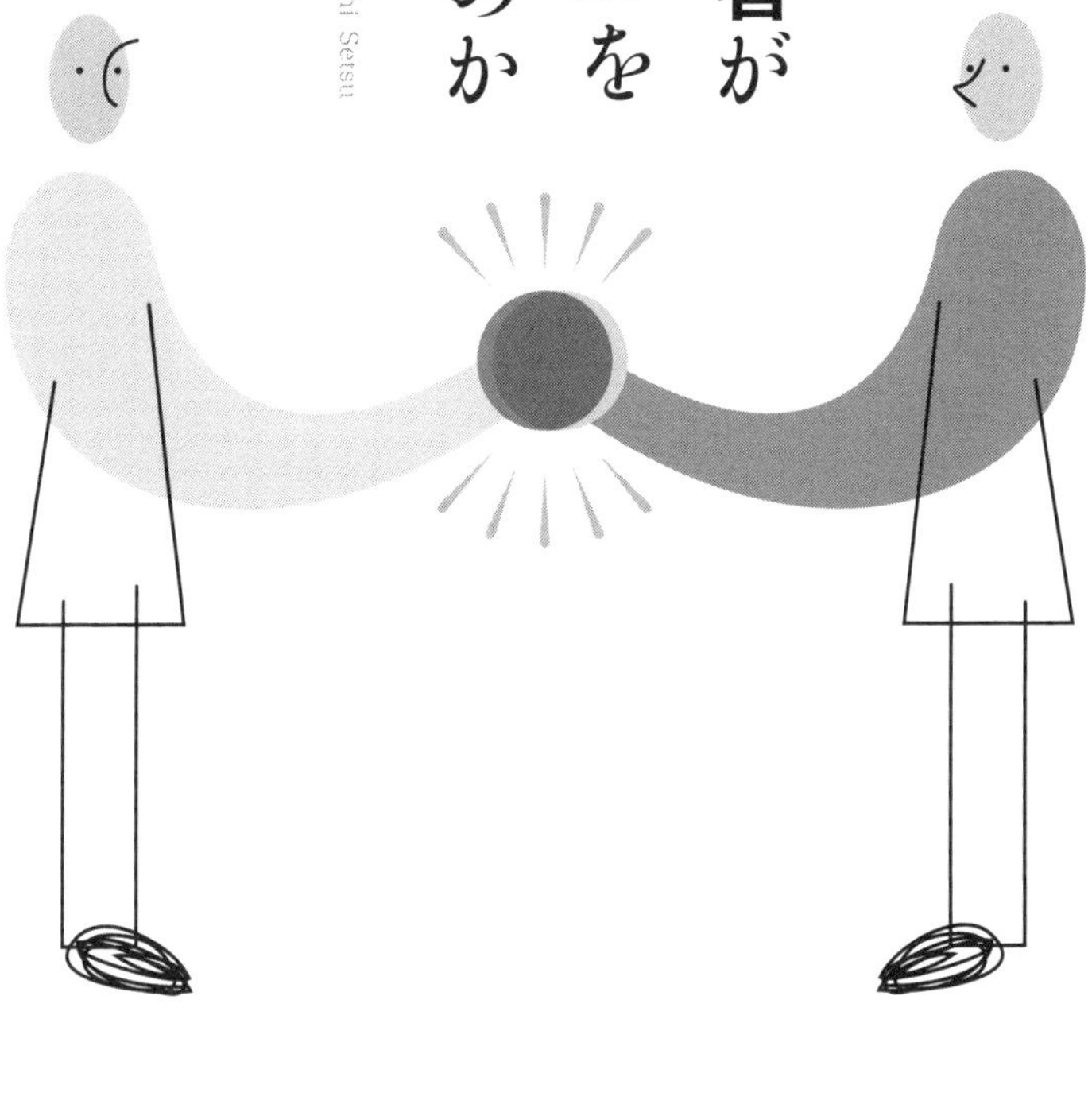

新日本出版社

まえがき

国民主権、平和主義、基本的人権の尊重を明文で宣言した日本国憲法の下で生まれ、安倍晋三首相が目の敵にする戦後教育を受け、安倍首相が大嫌いなリベラル新聞を読んで育ち、さらに、人権と法の支配の母国であるアメリカで訓練を受けて憲法学者になり帰国。そして、大学で憲法を講じてきた私が、自分の社会的存在を賭けて日本国政府とたたかわざるを得なくなる……などとは、考えてみたこともなかった。

しかし、今、現実に、私は命懸けで安倍政権とたたかっている気分である。

□

権力担当者も生身の人間である以上、当然に間違いを起こし得る（現に、甘利明国務大臣の事例等、枚挙に暇がない）ので、権力者を憲法で規律するというのが「立憲主義」である。

それを、絶対王政の時代の古い考え方だ……と断じて恥じない安倍首相が率いる政権は、まるで「無教養な確信犯」としか言いようのない、憲法無視の「暴走車」のような政治運営を行なっている（念のために言っておくが、絶対王政とは、国王が何ものにも拘束されない「絶対性」を有していたからそう呼ぶのである。だから、当時は権力を憲法で縛る「立憲主義」など存在しなかった。国王は神＝絶対者の子孫であると自称していたのだから）。

□

まず、憲法9条がわが国に対して「軍隊」と「交戦権」（つまり戦争の道具と法的資格）を禁じているので海外派兵はできない……としてきた自らの解釈を、自公政権は説得力ある理由も示せずに変更し、「問答無用」の強行採決で戦争法（海外派兵手続法）を制定してしまった。この暴挙は、法の支配の否定と議会制民主主義の否定である。

また、憲法21条が表現の自由を保障し、検閲を禁じているにもかかわらず、安倍政権は、自らの見解のみが正しいと信ずる人物をＮＨＫの会長に送りこみ、政府の立場を批判した言論人を、次々と「不公平だ」というレッテルを貼り、順次、論壇から放逐している。表現の自由は民主政治の大前提で、あらゆる異論が自由に行き交う状態を保障するものであり、他者の発言が気に入らない場合には単に反論すればよいだけのことである。にもかかわらず、論争を「与党発言」のみに一元化しようとするなどとは、ナチズム以外の何ものでもない。

さらに、「1億総活躍」などと称して国民大衆に「働け!」と言っておきながら、女性の就労に不可欠な託児所・保育所は不足したままで、抜本的対策は立てられていない。また、労働者の多くが一生派遣になりかねない法律の改悪も断行された。これでは憲法24条や生存権は絵に描いた餅である。

そのうえ、東日本大震災に起因するあれほどの原発事故を体験しておきながら、今でも原発再稼働に固執する姿勢は異常である。本来的に人間が不完全である以上、原発は安全ではない。安全でない以上、事故が発生した場合には無限の費用が必要になる。まさにそのことが立証された後の今でも、「原発は安価で安全だ」という「神話」に固執する姿勢は、政治家として不誠実極まりない。国民の生命と身体は最上位の価値がある（憲法13条等）はずである。

ほかにも、日本の市場をアメリカに明け渡すTPP、沖縄をアメリカに明け渡す辺野古新基地、消費増税と企業減税等、「暴走車」の政治運営を挙げればきりがない。

悪政の限りを尽くす安倍政権は、私たち主権者が早く退場させなければならない。□

本書はその戦術書である。

小林　節

2016年4月

目次――なぜ憲法学者が「野党共闘」を呼びかけるのか

2 戦争法の恐ろしすぎる非常識 25

1　安倍政権は立憲主義を弁《わきま》えていない

安倍政権は2014年7月、戦後、憲法で認められてこなかった集団的自衛権の行使容認を閣議決定し、2015年9月には、自衛隊が海外で戦争することを可能にする安保法制（＝戦争法）を強行採決しました。

安倍政権は国会を自らの政策を押し進めるための「協賛」機関のようにしか考えていないのでしょう。その態度は、法治国家でも民主国家でもない、独裁国家の始まりを感じさせます。

そもそも安倍政権は、日本という国の土台となる、憲法の仕組みや「立憲主義」という言葉をまったく理解していないように思います。

ではそもそも「立憲主義」とは何か。簡単にいえば「権力者は憲法を守らなければならない」ということですが、ではなぜ、権力者が憲法を守る必要があるのか。これを理解するためにも、まずは立憲主義の原点から考えてみたいと思います。

立憲主義の原点はどこにあるか

「立憲主義」の原点は、18世紀後半のアメリカ合衆国の樹立に由来します。歴史の勉強をおさらいしつつ、振り返ってみましょう。

アメリカが一つの国として独立する前、アメリカという土地はイギリス帝国の植民地でした。当時のイギリスは長年の戦争により財政難に陥っており、財政再建を図るために、植民地への課税を強化する政策をとっていました。アメリカ植民地に対しては、その土地で稼いでいる人々に対して、印紙法（あらゆる印刷物を課税の対象にするもの）や、茶法などの、本国には適用されない税金制度を取り入れました。

しかしアメリカ側は、イギリス本国の議会に代表を派遣することを許されておらず、課税強化が勝手に進められたことに強く抵抗します。その抵抗に対し、イギリスはアメリカに軍隊を派兵。アメリカ独立戦争へと突入しました。

当時のアメリカに軍隊はなく、民兵が組織されていました。軍隊ではないので、当然軍服やまとまった武器などは存在せず、狩猟用の銃などの不揃いの鉄砲で戦います。兵力、装備、技術ではイギリス軍が圧倒的に優勢でしたが、アメリカの人々は自らの土地勘を活かし、「代表なくして課税なし」のスローガンのもと奮闘します。ヨーロッパの義勇軍が加勢したこともあり、必死の戦闘の末、アメリカはイギリスに勝利します。

いざ独立となったとき、アメリカの指導者たちは、独立軍の司令官を務めたジョージ・ワシントンを、初代「国王」にしようと提案します。しかしワシントンは、「われわれは愚かな王国、王様、貴族たちと必死に戦って勝ったのだから、このアメリカに王国を作ったら意味がない」とこれを拒否。これまでの「王様」とは違って、血筋以外でリーダーを選ぶことになりました。

アメリカは互選で権力者を選択する民主国家の道を選択し、ジョージ・ワシントンは初代「大統領」となりました。英語で「大統領」は〝president〟。「社長」や「議長」と同じ意味の単語です。

権力者は「完璧」な存在だった

ここで重要なことは、当時、地球上には民主国家はひとつもなかったということです。王様が絶対的な権力を握っていた時代で、国家権力の背景には、常に「神」の存在がありました。王様、皇帝、天皇などはみな、「神の血筋」という絶対的な存在だったのです。神様は理論上完璧な存在ですから、間違いを犯しません。一見して間違えているように見えることでも、それは受け止める人の理解力に問題があるということになります。

王政の国では、王様の代理である公務員も、間違いを犯すはずがない存在とされました。行政裁判に類似するものはありましたが、「国家運営の為され方に少し納得がいかないので、恐れながら、考え直してはいただけませんか?」「できません」――という形式上のやりとりを行うものでした。

王政の場合、国家全体が、「神の子孫または神から選ばれた王様は法的に間違えるはずがない」という前提の上でつくられていました。イギリスの「King can do no wrong（王様は悪事を行うことができない）」という格言は、まさしくそのことを表しています。

不完全な「人間」が権力者になった

人のいるところでは必ず泥棒や殺傷事件が起こり、金銭の滞納などが起こります。ですから刑法や民法は人類の歴史とともにありました。しかし国家の民主化によって、人類史上初めて「不完全な存在」であることを自覚した人間が、国家権力を担う状況が生まれたのです。

そして、本来個人が持ちえない強大な国家権力を、本来的に不完全な「人間」に預けるとき、その人間に過失を犯させないための制約として「憲法」が作られました。人間は不完全な存在で、時に過ちを犯すこともある。だからこそ、権力という危ないものを無条件で託すことはできない。そういう考えのもと、権力に対する庶民の「防波堤」として、憲法は作られたのです。

近代以降の憲法の定義には、二種類の規範が含まれます。

①制限規範：国家権力を制限するもの
②授権規範：国家権力に権限を与えるもの

これらの規範が正しく行使されることで、国民の人権が尊重されうるということです。

1788年に発効された『アメリカ合衆国憲法』は、この近代憲法の精神をもとにした世界最古の成文憲法です。そして、この歴史の経過をたどった近代以降において、国民の人権が守られていない「憲法」は憲法とはいえません。

繰り返しますが、「人間は不完全である」という前提に立ち、権力を預かった人間がそれを恣意的《しいてき》に乱用する（過失を犯す）ことがないよう、主権者・国民が権力者に課した〝枠〟が憲法です。だからこそ、「政治家および公務員は、憲法を守らなければならない」という立憲主義の原理が存在するのです。これは、不完全な人間の本質に根ざした真理です。

大日本帝国憲法は「かたちだけ」憲法

近現代の世界的な国家の民主化の流れを経て、国家の本質は、国民の幸福追求を保障すべき組織に変わりました。国民の自由な生き方を守る役割を担うことが、国家の存在理由になったのです。

一方、日本に目を向ければ、１８９０年に施行された『大日本帝国憲法』は、天皇制を最大限保障するもので、「かたちだけ」憲法（国の骨格）と呼び得ていたものでした。

国際的に「法治国家」という肩書は必要だけれども、天皇制は残さなければならない、という時代背景のもとでつくられたものです。

国家は天皇のものであり、国家の目的は天皇の栄光にありました。当然主権は天皇の他になく、国民は「臣民（天皇の支配対象）」とされ、臣民は国家の繁栄のために奉仕すべき存在とされていました。天皇中心の全体主義的な政治は戦争へと突き進み、多くの犠牲を残して敗れました。

しかし不幸なことに、冷戦などの時代背景とアメリカなどの思惑で、侵略戦争を担った勢力が戦後再び権力を担うかたちになりました。安倍首相の祖父・岸信介氏はA級戦犯容疑をかけられましたが、アメリカの意向を汲んだ傀儡《かいらい》政権のなかで復帰して、総理大臣まで務めました。

戦前・戦中にエリートだった人たちには天皇中心の体制が刷り込まれていますから、「俺たちは何も悪くない」と思っていました。そして、そういう人たちを先祖にもつ自民党の世襲議員たちは、近代以降の憲法観、国家観を持つ日本国憲法に納得していないし、理解もしていません。

安倍政権の異常な憲法観

安倍首相は２００６年に『美しい国へ』（文春新書）という本を出していますが、その中で「法の支配」と書くべき部分を、何か所も「法律の支配」と書いていました。「法の支配」とは、「国会で作った法律でも、憲法に反してはいけません」という原則で、わかりやすく言えば「憲法の支配」ということなのです。

ところが、「法律の支配」となると、すなわち「国会の支配」ということになってしまいます。安倍首相のまわりには、それをきちんと指摘できる知性と勇気をもった人がいないという点でも、大変驚くべきことです。

さらに安倍首相は２０１４年の衆議院予算委員会の答弁で、「憲法が国家権力を縛るものだという考え方は、王政が絶対権力を持っていた時代の考え方。今、憲法というのは、日本の国の形、理想、未来を語るもの」と嘯《うそぶ》きましたが、それはこれまで見てきた近代憲法の成立過程、立憲主義の概念を弁えていない決定的な間違いです。絶対王政の時代には、憲法すなわち立憲主義は存在しませんでした。つまり「絶対」王政は、何ものにも支配されないから「絶対」だったのです。「自分たち権力者は絶対に間違えない」と考えているだけでなく、「権力者に権力を与えるものが憲法だから、国民に義務を課すこともできる」と考えている。根拠のない万能感を持っています。

２０１２年に策定された自民党の改憲草案はその考えが顕著に表れていて、憲法尊重擁護の義務（１０２条）には「全て国民は、この憲法を尊重しなければならない」と規定されています。これは、憲法の規律対象を「公務員だけ」から「全国民」に広げようとするものです。主権者・国民が権力を規律するための規範である憲法を、権力者が国民を統制するものに変えるということは、いわば権力者側からのクーデターに等しいものです。

憲法と法律の違い

では憲法を守るべきなのはだれか、あらためて基本的なところから考えてみましょう。

「六法」という言葉は誰でも聞いたことがあるかと思います。対等な私人間の取引に関する決まりを定めた「民法」、商いをする会社同士の取引について定めた「商法」、民法や商法で問題が生じたときの裁判手続きのルールを定めた「民事訴訟法」、犯罪と刑罰を定めた「刑法」、犯罪が起きたときの裁判手続きのルールを定めた「刑事訴訟法」、国家という名の政治機関を管理するための「憲法」、これらの総体を六法といいます。

1セットで語られることも多く、誤解されがちですが、前者の五法と憲法は、本質的な役割が異なります。

五法（民法、商法、民事訴訟法、刑法、刑事訴訟法）は、国家の権威によって国民を縛る「自己統治」機能です。他の法律も同様ですが、法律は国民が選んだ国民の代理人たる国会議員によって作られます。これは当然、国民が守るべき法ということです。

しかし憲法だけは、実際には権力を持たない主権者・国民が、権力を預かる者たちに権力を濫用させないために管理をする、唯一の例外法として存在するものです。同時に、万が一権力が濫用されたときにも、「人権侵害」等だとして押し返すことができるように、国民一人ひとりの人権を保障する役割も担っています。権力を預かる者が、神ならぬ人間である限り、この本質は変わりません。

憲法41条には、「国会は、国権の最高機関」であると書かれていますが、これはどういうことでしょうか。

国民主権国家である日本において、価値的に一番偉い主権者・国民が、最初に作る国家機関は、主権者・国民の中から直接選ばれた議員で組織された「国会」です。ということは、国民に一番近い立場が国会なのです。（その次が内閣、その次が裁判所、となります。）

そして主権者・国民と直結している唯一の権力機関が国会であることから、憲法の条文上も〝別格〟の扱いになっています。当然のことではありますが、ここからも、憲法は国民主権の原則を保障するために作られているという事実がわかります。

憲法を守るべきはだれか

あらためて国家と国民の関係を整理してみましょう。国家とは国民が幸福を追求するための環境を整える枠組みであり、国民へのサービス機関です。そして、実際にサービスを提供する担当者が公務員です。逆に言えば公務員は、国や地方自治体の名の下で権力を行使する資格が与えられた人たちだということです。

小さな町のおまわりさんでも一般の人たちが持てないピストルを所持できるし、地方公務員でも国家予算に基づいた行政措置が行える。公務員は、個人の先天的な能力を超えた力を預かっている存在だといえます。

そしてわれわれ国民は、「憲法」を使って、国家（政治家以下の公務員）が国民のためにきちんとサービスを提供し、権力を笠に暴走をしていないかを確認する、国家を管理する存在です。それができるのは、唯一、主権者である国民だけなのです。政治家は、国民の代理として権力を一時的に預かっている存在でしかありません。

さらに憲法は、主権者・国民にとって都合のよい政治をしてもらうための設計図です。その設計図がきちんと読めない政治家、うまく使えない政治家は、国民の手でクビにして良いのです。設計図が悪いから生活が良くならないと考えるのであれば、国民の手で書き直しても良いのです。

この憲法の役割をきちんとみれば、主権者・国民に「憲法尊重擁護の義務」がないことの必然性がわかるかと思います。憲法とは国民の権利を保障するものであり、国民に（主として国を支えるために最低限必要な勤労、納税、子女教育以外に）義務を課すものではないのです。

しかしここであえて言うならば、われわれは権力者たちに、憲法を擁護させる義務があります。国家は国民に対するサービス機関であることを忘れさせないよう、警戒を怠ってはならないのです。

2 戦争法の恐ろしすぎる非常識

「戦争法」としか呼ぶ以外のない新安保法制は、武力攻撃事態法の改正法、周辺事態法の改正法（重要影響事態法に名称変更）などの10本の法律をまとめた「平和安全法制整備法」と、自衛隊をいつでも海外派兵できるようにする恒久法の「国際平和支援法」の二つから成り立っています。

これらの法律は内容上も、手続き上も、明白な憲法違反です。内容上というのは、もちろん憲法9条2項の違反です。手続き上とは、議院内閣制を否定して作られたということです。

次に説明していきましょう。まずは、9条2項違反についてです。

憲法9条の考え方

【第9条】

日本国民は、正義と秩序を基調とする国際平和を誠実に希求し、国権の発動たる戦争と、武力による威嚇又は武力の行使は、国際紛争を解決する手段としては、永久にこれを放棄する。

2　前項の目的を達するため、陸海空軍その他の戦力は、これを保持しない。国の交戦権は、これを認めない。

現行の9条は、1項で、パリ不戦条約以来の国際法の読み方として、「国際紛争を解決する手段」、つまり国策遂行手段としての戦争、つまり「侵略戦争」を禁止しています。ゆえに、一般に「自衛」のためのなんらかの武力行使はできると留保されている、と考えられています。しかし、2項で「軍隊」と「交戦権」という、海外で軍事活動をするために不可欠な道具と法的資格を明確に禁じているので、わが国は、海外に出て国際法上の「戦争」をすることはできません。

ですから日本は、みずからが侵略された場合のみ、「自衛隊」という第二警察（軍隊ではない）をつかって抵抗する「専守防衛」を国是としてきました。「海外派兵の禁止」も、この憲法に由来する当然の国是なのです。

自民党政府は、9・11同時多発テロを受けてのアフガニスタン戦争でインド洋に海上自衛隊を送りこみ、海上封鎖をしている米海軍に対して海上で給油・給水を行わせました。また、同盟国への「後方支援」活動であると称して、航空自衛隊には武装した米兵を輸送させたりしました。

私は自衛隊のこれらの活動も、実態において戦争支援、戦争参加以外の何ものでもないと考えていますが、政府も憲法9条のギリギリの例外とするため、「特別措置法」という時限立法を制定して、毎回、国会の審議にかけてきたのです。

それが、今回の戦争法では、「日本を取り巻く安全保障環境が変わった」と抽象的に言うばかりで、プロが言うところの「立法事実」、つまりその法律が必要であることを裏づける具体的な社会的事実も証明できないまま、集団的自衛権を解禁し、恒常的に他国軍の支援、つまり海外派兵ができるようにした。これは単純明快に、乱暴な9条2項違反そのものです。

集団的自衛権に砂川事件最高裁判決を持ちだす滑稽さ

自国が侵略された場合、単独で反撃することを正当化する権利が「個別的自衛権」です。これは国際慣習法上、すべての独立主権国家に認められています。

他方、「集団的自衛権」は、自国に対する武力攻撃がなくても、同盟国が戦火に巻き込まれたときに、是非を問わず助けに入る権利です。そして、同盟国とは、是非を問わず相手の戦争に巻き込まれてあげる関係のことです。したがって、「集団的自衛権」は本質的に海外派兵が予定されていますし、そこに地理的「限定」はありません。

従来、集団的自衛権は「国際法上は独立主権国家として当然に保有してはいるが、憲法9条に縛られて行使できない」と、自民党政府みずからが言ってきたものです。

そこで、集団的自衛権行使を容認するために、政府・自民党が持ちだしてきた根拠が「砂川事件最高裁判決」でした。これは法律家の知る議論ではありません。私が学生のときも教授になってからも、そんな理論を学んだこともなければ教えたこともありませんから。笑い話として紹介しましょう。

1957年7月、東京都にある米軍立川基地（旧砂川町）の拡張に抗議するデモ隊の一部が基地内に立ち入ったとして、日米安保条約に基づく刑事特別法違反として起訴されました（砂川事件）。東京地裁は59年3月、米軍は憲法9条2項が禁じた「戦力」にあたり駐留は違憲として無罪判決、国が最高裁に跳躍上告し、同年12月、最高裁は、外国の軍隊はわが国の「戦力」ではないとして一審判決を破棄したというのが概略です。

この砂川事件判決で問われたのは、アメリカが日本に軍隊を置いていることの合憲性です。日本が集団的自衛権を行使して、自衛隊を海外派兵することの合憲性を問うたものではありません。そもそも論点が違う。だからこそ、いままでだれも、それをわが国自身の集団的自衛権の根拠に使ったことがないのです。それを持ち出すのは、まさに牽強付会《けんきょうふかい》（関係ないものをこじつけること）です。

さらに言うならば、この判決は、きわめて政治的な判断から司法が逃げた例です。つまり、日米安保条約の合憲性という高度に政治的な事柄については、主権を有する国民の判断にゆだねる、としたのです。これを法律家の世界では「統治行為論」と言います。

もう少し丁寧に「統治行為論」についてお話しすると、「戦争と平和」のように、国の存続にかかわる高度に政治的な歴史的決断の問題は、そもそも選挙で選ばれていない最高裁判事が決めるのは不謹慎であるという考え方です。

たとえば、戦争で勝ったあとに、「あれは違憲の戦争でした」と最高裁が判断した場合、勝った戦争をすべて否定しなければならなくなり、他国の殺された人の遺族から永久に損害賠償を要求されることにもなってしまいます。

統治行為論とは、もともとアメリカとフランスの判例です。アメリカやフランスのように、人権保障と法の支配が確立された国々の最高裁判例でも、「戦争と平和」の問題に裁判官は手を出さない。仮に法的判断ができたとしても、第一次的には、国民から選ばれた政府と国会が判断し、最終的には主権者・国民が、そういう判断をした政府を許すか許さないか、選挙で決めるんだ、というのが基本的な考え方なのです。

司法が判断を逃げた判決から、司法の「お墨付き」を引っ張りだすというのも、法律家の私からみると、およそ恥ずかしいことです。

もうひとつ付言しておくと、砂川事件が争われた1959～60年という時期は、まだ日本が国際社会で一人前の働きをすることなど、そもそも期待されていなかった時代でした。だから、日本が集団的自衛権を行使してどこか外国に助けに行くことなどは、Out of the question で、だれの頭の隅にもなかった話です。

砂川事件最高裁判決を根拠にするということは、集団的自衛権行使を容認する閣議決定（2014年7月1日）を前に、自民党の高村正彦副総裁が言い出しました。こんなでっちあげの話を、弁護士でもある高村氏が持ちだしたことに驚きを禁じえません。

「戦争」についての国際法的常識

まったく違憲そのものの戦争法ですが、それは、２０１６年3月29日に施行されました。法律が効力を発揮しますから、自衛隊が海外派兵される具体的な可能性が出てきました。

憲法９条2項が明確に「交戦権」を否定しているもとで、自衛隊が海外派兵された場合にどんな問題が起こるのか、国際法もふまえて、法的に考えてみましょう。

私は、わが国には国際法上の交戦権がないということを強調して言いますが、このような論点の押し出しは、じつは非常にユニークなことです。

おさらいになりますが、憲法９条をもう一度見てみます。９条2項は明文で「陸海空軍その他の戦力は、これを保持しない。」と定めています。この条文に関して、これまでは「戦力」とは何かという論点に議論が集中していました（先ほどの砂川事件でも、在日駐留米軍が「戦力」にあたるかどうかが争われました）。

しかし、はっきりと「陸海空軍……は、……保持しない」と書かれているのです。そして直後に「国の交戦権は、これを認めない。」ともあります。

「軍隊」と「交戦権」という二つのキーワードが、国際法上の「戦争」を遂行するための必須アイテムなのですが、日本国憲法はそのどちらも認めないとはっきり定めています。

「戦争」とは、国と国が武力行使を辞さずにぶつかることです。この国と国の戦いは、憲法問題ではなく、国際法の領域の問題です。「戦時国際法」という、歴史的背景のある法分野です。

戦時国際法の考え方をおおざっぱに説明します。

国と国の紛争が埒《らち》が明かないときには、最後は武力をもって戦うこともある。しかし、だからといって、国と国が無差別に殺し合っていたのでは、人類が存続できません。そして、勝負は時の運と考えます。時の運とは、「神様が勝った側に微笑《ほほえ》んだのだ」、あるいは「お互い同士では決着がつかなかったけれど、神様に決めてもらった、だから従うんだ」ということです。これは、人類が滅びないための生活の知恵です。

戦争は、互いの国は代表選手である「軍隊」だけを出し、軍隊同士が戦って遂行されます。ここではっきりするのは、軍隊は他国の民間人を殺してはいけないということです。

代表選手の軍隊の構成員は、軍服を着ています。「ユニフォーム」とは、お揃いの服、つまり完全にアイデンティファイ（identify）＝識別できる服を着て、旗を立て、「ここにいるぞ。やるならオレだけやれ。ほかの民間人には手を出すな」ということを意味します。これが戦争をする際の基本的なルールです。

つぎに、「交戦権」です。交戦権とはとても不思議なもので、たとえば私がだれか目の前の人を殺したら「殺人罪」になります。ところが、私が軍人として戦場にいて、敵国の軍服を着ている人を先に見つけてドンッと銃で撃ったとしたら、これは殺人罪ではなく、勲章モノになります。

人が人を殺すという同じ行為が、一方では世の中で一番許されない犯罪となり、他方で国が交戦権を行使しているときには、昇進・昇級したり、勲章をもらったり、国家が「良きこと」として褒める対象になります。このように、法状況を劇的に転換するものが「交戦権」です。

どちらも勝つ気で「戦争」をやるわけです。勝つということは、最終的には敵国の首都に乗りこんで、大統領官邸を押さえこみ、降伏文書に署名させることが必要です。そこまでやって、やっと戦争が終わるのです。ですから、戦争にはかならず海外派兵が予定されています。海外派兵しない戦争というものはありえません。

海外派兵する道具が「軍隊」であり、国際法上、その軍隊が行った殺人、器物損壊・建造物損壊など、刑法で犯罪とされていることすべてを、「良きこと」（合法）にするのが「交戦権」なのです。そういう法的根拠です。

日本は憲法で「交戦権」行使を認めないと定めています。したがって、日本はそもそも戦争ができないのです。

自衛隊の武力行使の結果はテロリスト

「軍隊」というものをさらにわかりやすく説明してみると、海に浮かんでいる船には、武装している船とそうでない船の2種類しかありません。その上で、武装公船で白く塗ってあるのは沿岸警備隊、日本では海上保安庁です。英語ではcoast guardと言います。グレーに塗ると、英語ではNavyで、つまり海軍です。日本の海上自衛隊は軍隊ではないのでNavyとは呼ぶことができず、Maritime Self-Defense Forceという英訳になりますが、軍隊のごとくグレーに塗ってあります。

しかし、何度も言うように、日本には交戦権がありませんから、自衛隊がいかに軍隊のような格好をしていたとしても、日本領海の外でドンパチ武力行使をしたら、じつは「海賊」になってしまいます。法的にはテロリスト同然なのです。これが国際法の常識です。

だから従来、自民党政府は、自衛隊は「専守防衛」の道具であると言い続けてきました。それは、交戦権がないため、日本の領域の外に出て武力行使はできないということをよくよく知っていたからです。

自分の国のテリトリー内、つまり領土・領海（12海里内）・領空（1万メートル程の内）という箱のような領域のなかで、陸上で起こった犯罪を取り締まるのが「警察」、海で起こった犯罪を取り締まる警察が「海上保安庁」です。海の上でも放火や麻薬の取引、密漁、密出入国など、犯罪はたくさん起こっています。それらの犯罪を取り締まっているのが海上保安庁です。また、陸上では、泥棒から強盗、強姦などを警察が取り締まります。

自衛隊は「警察」である

ここで、つぎのような場合にどう対処するかが問題になってきます。

たとえば、サリン事件を起こしたオウム真理教のように、どこかの集団がニセ軍隊をつくって暴れたときに（これは刑法上は内乱罪にあたります）、警察では手が出ないくらいの大規模な暴れ方だった場合。

あるいは、日本国憲法制定当時にはソ連という軍事大国が隣にありました。このソ連という国は憲法で不思議なことを定めていました。ソ連一国が社会主義になったことをもって満足してはいけない、国際的責任を負って、まわりの国々をソ連流に社会主義化することを使命とするという、他国のあり方にまでおせっかいをする憲法を持っていたのです。しかも、２００万の鉄の軍隊によって大戦直後から東ヨーロッパを侵略し、日本に対しても侵略しようとして北方四島を押さえました。そういう危険な国が隣にあって、日本に飛びこんでくるような場合はどうするか。

当時考えられたのが、「警察予備隊」という第二警察でした。見た目や腕力は軍隊のごとき存在です。ですが、憲法上は交戦権も軍隊も持てませんから、大砲と戦車をもっていたとしても、あくまでも第二警察です。そして、この警察予備隊がのちに「自衛隊」になっていきます。

自衛隊の存在についてはいろいろな議論がなされていますが、私はこれはこれで筋が通っていると考えています。

交戦権をもっていない自衛隊が日本の領域の外に出ていったら、海なら「海賊」、陸なら「山賊」になってしまう。だから政府は「専守防衛」と言いつづけ、自衛隊は日本国内だけで活動することを原則としてきたわけです。

国内での活動だけなら交戦権は必要ありません。泥棒も暴力団も、外国の軍隊であれ、わが国の領域内で暴れまわれば、日本の法律が適用され、みんな犯罪になります。ふつうの犯罪ならば警棒とピストルを備えた警察が対応しますが、警察の手が出ないような大規模な犯罪に対しては、自衛隊という第二警察が軍隊のごとき装備で対応します。

これが日本国憲法9条2項のもと、日本が国際社会のなかで軍事力をもちうる最大限なのです。

変質する「戦争」

ただ、最近のアメリカが行っている「戦争」は、国対国という形ではなくなってきました。たとえば、アフガニスタンのタリバンに対する報復や、直近ではイラク戦争後、泥沼化するイラクやシリアで影響力を強めているＩＳ（Islamic State）に対する空爆などです。

ＩＳは「State」つまり国家を名乗っていますが、地下水脈のように点と線で地下をもぐりまわっていて、領土と国民と統治機構が定まっていないので、国際法上は国家とは認められにくい状態です。

これは、じつはアメリカにとっては幸いなことです。なぜならば、「ＩＳは国家ではない、彼らはただの犯罪集団、つまり山賊だ、テロリスト征伐だ」と言って、世界の警察として振る舞えるからです。ですからアメリカは、ＩＳに対する空爆を戦争とは認めていません。

国家ではない集団に対するアメリカの武力行使は、国連決議であったり、あるいは９・11同時多発テロに対する反撃としての自衛権行使の延長線という根拠で、正当化されるという理屈になるでしょう。ただ、自衛権とはいえ、１発殴られたのに対して１００発殴り返しているようなものですから、完全に過剰防衛です。

さらに今、日本に対して、「仲間だろ、集団的自衛権で付き合えよ」と言ってきているわけです。

集団的自衛権を行使して国際紛争になった場合、戦争状態になるわけですが、先述のように日本には戦争に参加する資格がありません。今回、急ごしらえで自衛隊を海外に派兵する戦争法をつくりました。しかし、政府・自民党はじつは憲法違反ということを意識していますから、派兵される自衛隊にとっては、信じられないようなひどい事態が待ち受けています。

海外派兵された自衛隊員が民間人を殺してしまったら

自衛隊の一個連隊が３０００人で作戦に参加するとします。これは国の命令です。内閣総理大臣の命令に基づいて防衛大臣が命令を出し、直接的には現地の隊長が命令をくだすわけです。ところが、この命令に基づく作戦によって、ドンパチ戦闘になってしまった。ここで問題発生です。

日本国としては交戦権をもっていません。ですから、現地の隊長は「撃て」とは命令できません。「あとは君らがそれぞれ預かっている武器で、自分の正当防衛の範囲で戦いなさい」ということになります。つまり、「自分の身を守るという法的名義で、自分の責任で戦いなさい」というわけです。ですから、自衛隊員が誤って民間人を殺してしまった場合には、日本人の国外犯として刑法で処罰されるという事態になります。派遣される個々の自衛官の身になって考えてください。「これではやってられないよ」という異常な状況です。今回の戦争法を、専門家である私たち日本弁護士連合会（日弁連）で分析したところ、こうした法制度になっていることがわかりました。

さらに言えば、次のような事態も想定できます。

ある軍隊が夜間に偵察していたら、山影に敵の部隊が野営していることがわかったとします。そこで、夜のうちに近づいて、朝、起き抜けのところを攻撃しようということで、ヒタヒタヒタと移動していたところに、目の前を白い影が横切りました。「誰だ！」と言っても反応がありません。言葉が通じないのかもしれません。さらに続けて、白い何者かが物陰から物陰へと横切ろうとしたので、バンッと撃ちました。その撃たれた何者かを確かめてみると、何のことはない、近所の子どもだった。

こういう場合でも、交戦権の標準的な国際法の解釈では違法となりません。子どもではなく、本当に敵だったら、逆にこちらがやられてしまいますから。軍人の行動としては合法になります。

しかし、交戦権のない日本の自衛隊員は軍人ではありませんから、日本の刑法が適用されて違法。過失致死罪に該当します。

今回の戦争法によって自衛隊が海外に派遣された場合、こんなことが現実に起こりえるのです。

アメリカのご意向は

実際、イラク戦争後に日本の陸上自衛隊がサマワに派兵されたときには、4～5メートルほどの高さの土塁に囲まれた自衛隊の宿営地にロケット弾が着弾したと言われていますが、そんな中でもじいっと閉じこもっていなければならない状況もあったわけです。下手に反撃して誤って民間人を殺してしまったら、日本の刑事罰が待っているのですから。

それでも当時の日米両政府にとっては、自衛隊がサマワに行ったこと自体に意味がありました。「Boots on the ground」（われわれが戦っている戦場に、お前たちも自分の足で立て）とアメリカのアーミテージ国務副長官（当時）に言われましたから、〝そこに立った、いた〟ことが重要だったのです。イラク以前のアフガニスタン侵攻のときには、「Show the Flag」（戦場に軍旗を並べろ）と言われたとも報道されています。

国際社会で、アメリカが単独で暴れているときに、仲間を連れてやって来たということは、アメリカにとっては大義名分になるわけです。しかし、「日本は働きが悪いからカネも寄こせ」という話です。

私が当時、アメリカの高官と意見交換したときにわかりましたが、アメリカは日本に対して、アメリカといっしょに戦ってくれるイギリスのような国になってほしいと考えています。ですからアメリカとしては、日本国憲法9条2項を変えてほしいわけです。

「アメリカが日本に与えた憲法をいつ、どのようにして改正できるのか、あなたは有名な改憲論者だから聞きたい」と私に尋ねてきました。「国民が納得していないから今すぐは無理です」とお答えしましたが、今なら「国民が納得していません。お生《あい》憎《にく》さま」と言ってあげたいところです。

ＰＫＯとは何か

今回の戦争法によってＰＫＯ法（国際平和協力法）も改正され、従来の自衛隊のＰＫＯ（国連平和維持活動）は施設建設や停戦監視などに限られていましたが、そこに安全確保業務や駆けつけ警護などの任務が追加されます。また、武器使用も「自己保存」に限られていたところ、「任務遂行」のためにも可能になりました。

戦争法案の審議中に、自衛隊の統合幕僚監部が法案成立を前提にして、南スーダンＰＫＯの任務に駆けつけ警護を追加する検討をしていたことが明らかになり、国会で追及されました。いま、戦争法施行によって、自衛隊の任務拡大がもっとも懸念されるのが南スーダンＰＫＯです。

ここで、そもそもＰＫＯとは何かということを考えたいと思います。

異なる意見もあることはもちろん承知していますが、私はＰＫＯ活動は軍事活動ではないと考えています。では、いったい何なのでしょうか。

戦争が終わった後の国の状態というのは、ハード面もソフト面もぐちゃぐちゃに崩壊し、混乱しています。道路を通さなければいけない。そのためには地雷も除去しなければいけない。水道も、学校も、電話線も復旧させなければいけません。そうやって物理的に国を再構築すると同時に、社会機能、役所の機能もきちんと立て直す必要があります。それは、戦争を終了したその現地国の政府の責任です。

ところが、当の政府はぐちゃぐちゃの状態で、物理的にも経済的にもマンパワー的にも弱っている。だから、いろいろな国々が再興の手助けをしてあげようというのが、PKO活動です。たとえば、選挙管理団のPKOもあれば、土木工事のPKOだってあります。これは軍事活動ではなく、一般行政活動です。さらに言うならば、警察活動の補助です。

警察という概念には二つ意味があって、ひとつは行政そのものです。つまり、国民が自由に暮らせるようにするために、社会から危ないものを取り除くことです。たとえば、道路に穴が開いていたら危ない。それを埋めてくれたら、われわれは安全に暮らせます。水源が汚れたら危ない、火事を放っておいたら危ない、というように、自由には危険が伴うので、その芽を摘むという最低限の仕事を担うことです。これが広義の警察です。

もうひとつは、危険を取り除く仕事のなかでも、犯罪という、特に凶暴なものを除去すること。これが狭義の警察になります。

このように警察には広い意味と狭い意味がありますが、ＰＫＯというのは、紛争が終了して再興しようとしている国の警察補助なのです。ですから、本来的に軍事活動ではありませんし、こういう私の理解では自衛隊を派遣しても憲法違反にはなりません。

自衛隊のＰＫＯ活動

しかし、なぜ行政活動であるＰＫＯに、行政チームではなく、自衛隊を派遣するのか。

話が飛びますが、１９８５年に日航機が群馬県の御巣鷹山《おすたかやま》に墜落した事故を思い出してください。あのとき、急峻《きゅうしゅん》な道なき道をたどって、警察機動隊と自衛隊が救難活動をしました。機動隊はバスに乗って地元まで行き、地元の中学校を宿営地に決めて活動にあたりました。宿営地となった中学校には貸布団、食事が準備され、トイレなどは中学校の施設が使用されました。これに対して自衛隊は、事故現場でキャンプをし、テントも食事もトイレも自分たちで用意したもので賄う自己完結型の活動をしたのです。

戦争終結直後の後片付けを必要としている国には、事故現場や被災地と同じように、自己完結型のチームのほうが都合がよいのです。ですから自衛隊を派遣したのです。ふつうの行政チームでは、自己完結型の活動はできません。

そして、きちんと停戦がなされていて、受け入れ国の合意がある場合に活動するのが本来のＰＫＯですから、もしも停戦合意や受け入れ国の合意が破られたときには引き上げるというのが、従来の日本のＰＫＯ活動の原則になっていました。

【ＰＫＯ５原則】

1　紛争当事者の間で停戦合意が成立していること。

2　当該平和維持隊が活動する地域の属する国を含む紛争当事者が当該平和維持隊の活動及び当該平和維持隊へのわが国の参加に同意していること。
3　当該平和維持隊が特定の紛争当事者に偏ることなく、中立的立場を厳守すること。
4　上記の基本方針のいずれかが満たされない状況が生じた場合には、わが国から参加した部隊は、撤収することが出来ること。
5　武器の使用は、要員の生命等の防護のために必要な最小限のものに限られること。

ＰＫＯの変質による新たな危険

ところが、１９９４年に発生したアフリカ・ルワンダでの大虐殺を契機に、この20年で、ＰＫＯが大きく変質しています。

停戦になっているはずの地域でも、国境を越えて国外にいた対抗勢力が舞い戻って、また襲ってくる場合があります。また、紛争から逃れてきた難民たちが国境沿いのキャンプ地で国連ＰＫＯ、国連警察に保護されているところを襲撃される場合もあります。そのときにPKOは、軍隊の装置をもっていますから、難民を守るために反撃できます。このように、住民を保護するために国連が交戦主体となるかたちで、現地の煮え切れていない軍隊との間で戦いが起こっているのです。

本来のPKOというのは、停戦合意後の後始末に携わるのが典型ですが、Peace Making Forceといって、戦争のあいだに割って入って戦争を止める活動もあります。この場合、戦争しているどちらの側からも撃たれます。それを撃ち返しながら停戦に持ちこむのですから、当然強い国、アメリカのような国でなければできません。

国連PKOについて、停戦合意が破られたら引き上げるというのは、じつは日本にしかないルールです（5原則参照）。これまでなら、いくら卑怯との謗《そし》りを受けようとも、「自国の憲法に基づく法律が許さないので、停戦合意が破られたから帰ります」と言えたものが、今回の戦争法で法律の根拠ができたせいで、自衛隊は簡単には引き上げることができなくなりました。

いまPKOが軍隊化してしまっていることが最大の問題です。

南スーダンPKOも同様で、そこに参加する自衛隊に新たな任務が加われば、自衛隊員が殺し殺される危険が現実のものとなるのです。

自民党政府があおる中国脅威論のウソ

戦争法案の審議過程で、政府・自民党は、米艦船に乗せてもらえることなど実際にはありえない日本人母子を保護するとか、およそ考えられない非常識な事例を挙げて、戦争法の必要性を説こうとしました。しかし、どれも根拠として維持できず、最終的に喧伝《けんでん》したのが、中国・北朝鮮の脅威ということでした。

私はこれにも怒りを覚えます。中国脅威論から反論します。

中国は放っておくと、確かに危うい国です。現に南シナ海の南沙諸島において、領土拡張的な態度をとっています。建国して、私と同じ67歳になる国ですが、歴史的にもウイグル、チベットなどに領土を拡張しています。

しかし、隙を見せなければ、中国だって簡単には手出しができません。たとえば、ベトナムや台湾です。きちんと専守防衛しているところには手を出したが手が出なかったのです。だから日本にも手が出ていない。中国が本当に尖閣諸島を確保できると考えたら、とっくに攻撃をしかけているのではないでしょうか。しかし、日本の自衛隊は優秀だし、日米安保がある。中国は勝てないと思っているはずです。

仮に、中国が尖閣諸島をとりにきたとします。そうしたら、アメリカが黙っているはずがありません。

日本列島は太平洋の西側に弓形に張り付いていて、日本列島の向こう側には、ロシアや中国という、アメリカにとっての要注意国家が控えているわけです。アメリカは、太平洋は自身の海だと考えており、ハワイに司令部を置いています。太平洋は、資源的にも戦略的にも、アメリカを守るクッションになっています。

中国軍がその太平洋に出ようとすると、琉球列島を通るしかありません。太平洋への入り口に、尖閣諸島が位置しています。中国がもし尖閣に基地を作ることができたら、中国軍は太平洋へ出入り自由状態になります。ですから中国が尖閣諸島を狙っていることは間違いありません。

しかし、もしそんな事態になれば、まず日本の自衛隊が個別的自衛権を行使して、九州に配備されている、強くて新しい海兵隊みたいな部隊が戦えばいいのです。負けることはないでしょう。百万が一、日本の自衛隊が負けたとしても、アメリカ軍が放っておきません。当然、日米安保条約に基づいて、アメリカ軍が中国軍を追い払うはずです。なぜならば、アメリカが太平洋を失うわけにはいかないからです。

中国はアメリカに対して何度も「太平洋を共同管理しない？」と持ちかけて、そのたびに一蹴されています。尖閣というのは、日本の領土としてももちろん大事ですが、アメリカにとってもきわめて重要な土地なのです。ですから、アメリカはアメリカの国益のために尖閣に出てくるに決まっています。

しかも、日本は日米安保条約によって、領土を割愛して全国で130の施設・区域を基地や訓練場として提供し、かつ「思いやり予算」として毎年、一千億円以上もかけて在日米軍をホストしているわけです。そこには、事実上米兵が犯罪をやり放題という「日米地位協定」というおまけまでついてきます。在日米軍基地は日本のためにあるのではありません。あくまでも、アメリカの世界戦略のために、日本にあると都合がいいからあるだけです。

日本がこれだけアメリカに奉仕していながら、「アメリカにいつ捨てられるかわからない」などと考えるのは、被害妄想の極みです。在日米軍のために使っているお金をポイント制にでもしたら、日本の方がいわば出血大サービスなはずです。

結局、中国がアメリカとの対決も覚悟して、尖閣諸島を軍事侵略することはまず考えられません。自民党はそれをわかっていて、われわれ主権者・国民を騙すために中国脅威論をあおっています。

さらに付け加えるならば、日米中はいまや経済的に深く依存し合っています。アメリカ国債の最大の保有国は中国です。日本の一番の貿易相手国（輸出入）も中国です。まともに考えれば、こんな状況で戦争するなどということは考えられません。

北朝鮮のミサイルは「抜けない竹光《たけみつ》」

北朝鮮脅威論はどうでしょうか。

北朝鮮は核実験をしたりミサイルを飛ばしたりして、やっかいな国ではあります。

1996～97年、私が40代の頃ですが、研究休暇をとって、アメリカのハーバード大学のケネディスクールという、政治家と行政官僚のシンクタンクみたいなところに1年間いたことがあります。そこでは非常にレベルの高いいろんな研究がなされていました。そのなかに、北朝鮮が暴発したら何日で制圧できるかという興味深い研究があり、最低1週間、最長2週間で制圧できるという報告を見た気がします。

つまり北朝鮮が「抜くぞ、抜くぞ」といって、本当に刀を抜いたら2週間で制圧され、消えてしまうのです。北朝鮮当局者にしてみれば、国民がどんなに悲惨な状況で苦しんでいようともかまいません。支配者である金さんファミリーとそのお友達にとっては、自分たちだけが豊かで安全な今の体制が、一番居心地の良い状態なのです。独裁国家ですから、そういうものです。

彼らの生きる道は、「やるぞ、やるぞ」と構えたところを、「まぁ、まぁ、まぁ」と言ってもらい援助を受けることです。そうやって長らえることが目的です。「やるぞ、やるぞ」と構えて、本当にやってしまったら最後。ですから、北朝鮮のミサイルは「絶対に抜けない竹光」なのです。

さらに言うと、北朝鮮のミサイルが日本に飛んでこないことを、安倍首相は知っています。ぜんぜん日本海側を防衛していないのがその証拠です。北朝鮮が本当に危ないと思うのならば、どうして日本海側の高浜原発を再稼働できるのでしょうか。原発は自爆用の原子爆弾を抱えているようなものです。原発を抱えて逃げられませんから、防衛すると言うならば、日本中の原発を速やかに廃炉にしなければならないはずです。

２０１６年2月にも、北朝鮮はミサイルを飛ばしました。このとき政府は大騒ぎをして、迎撃ミサイル、パトリオットをトラックに積んで展開して見せました。ところが、日本海側の原発にはパトリオットをひとつも配備していません。

仮に北朝鮮のミサイルが日本のテリトリーである領土領海に落ちたならば、日本は個別的自衛権で反撃ができます。それから、日米安保条約に基づいて、アメリカも集団的自衛権を行使して反撃できるのです。現行法で対応できます。

だから「北朝鮮の脅威」もまったくの大嘘で、現状では特別な脅威ではありません。「オオカミ少年」のように、声高に脅威をあおり、戦争法強行のための口実としたにすぎません。われわれ国民はこのウソに騙されてはいけません。

3 「平和大国」存亡の危機

憲法9条の制約があるため、日本は70年間も戦争をしないでくることができました。

このような大国は、世界中、どこをどう眺めても、ほかに思い浮かびません。第二次大戦後、大国はみな戦争をしてきました。アメリカしかり、ソ連・ロシアしかり、イギリスもフランスも中国も同様です。

日本はこれらの五大国には入っていませんが、国連の第二位のスポンサーですから、大国であることは間違いありません。しかも、１９７０～８０年代は、Japan as Number One（ジャパン・アズ・ナンバーワン）と言われ、世界一の経済大国でした。

いま経済力では世界3位か4位だったとしても、クオリティーからすれば世界一と言っていい国のひとつでしょう。

この大国が70年間も戦争をしなかった。これは世界史上、非常に珍しいことです。長年、9条改憲論を主張してきた憲法学者として、この事実にどのような価値があるのかを述べたいと思います。

900年の恨みの循環から逃れている稀有な存在

巨視的には、いま中東で起こっている戦争は、900年前の十字軍戦争に由来するキリスト教諸国とイスラム教諸国による、恨みの投げ合いに見えます。さらに言うと、キリスト教諸国が「俺たちが正しいのだから、言うことを聞け」という押し付けがましい態度をとり、イスラム教諸国が負けて恨みを募らせているという対立です。

世界史をふりかえると、ペルシャ帝国、ローマ帝国、モンゴル帝国が興っては滅亡しました。ポルトガルやスペインが覇権を握り、のちに大英帝国がとって代わるという大航海時代とは、近代化へむかって先んじるキリスト教諸国が、鉄砲と十字架をもって、後進国を植民地化していった時代です。

太平洋の北西の片隅に位置する日本は、幸いにもどこの国の植民地にもならずにすみました。東方からやってきた国々はミクロネシアを通ってインドネシア、フィリピンまで。西方からやってきた国々は、中国は別として、インドからインドシナ半島を通って、やはりフィリピンまでを植民地にし、そこから先の日本を植民地にすることはありませんでした。

大航海時代に植民地にされたイスラム教諸国はその後、二つの世界大戦を経て、民族自決の時代が訪れて独立していきます。ところが、植民地時代の負の遺産を引き受けざるをえなかったイスラム教諸国は、国際社会のなかで困難をかかえることになりました。その恨みが続いていて、さまざまな利害対立をきっかけにして、戦争を招いているのです。

十字軍戦争に端を発し、その後の大航海時代に植民地化されていく歴史のなかで、日本はイスラム教諸国からもキリスト教諸国からも恨みを買うことはなかった。恨みの循環から逃れている稀有な存在なのです。

国際国家になれるセンス

イスラム教にとってはアッラーが唯一の神で、それ以外が神を名乗ったら悪魔になります。キリスト教もまったくその裏返しです。だから、イスラム教徒やキリスト教徒は、神の名において人を殺し合った十字軍戦争などの歴史を持っています。

ところが、日本人は古くから、八百万《やおよろず》の神々や仏様を崇《あが》めてきました。

神道は国家神道に利用された悪しき歴史はあるけれども、そのいきさつを抜きにすれば、われわれはあらゆるものに神性を感じとってきたし、他者の価値観をたくさん受容してきました。

神道の考え方は、要するに「自然を大切にしましょう」「先祖を敬いましょう」ということです。また、仏教は、不完全な自分に修行という負荷をかけて、「もっといい人になろう」と努力し続ける、そういう考え方です。どちらも非常に穏当です。

かつて、キリスト教徒やイスラム教徒の法律家が集まったアメリカの国際シンポジウムで、日本の法律学者としてスピーチしたことがありました。その場で今のような話をしたところ、聴衆から「日本人の感覚でいけば、世界がひとつになれる」と大きな共感をもって受けとめられました。

お互いに認め合える。あなたはあなたで、私は私。これが日本古来の考え方です。国際国家になれるセンスを持っているのです。

そういう日本が経済大国となり、かつ70年間平和大国であり続けてきたのです。

アメリカの二軍になるのか

安倍首相は、自由と民主主義、そして法の支配という価値観を共有するアメリカとともに世界で軍事活動をして、安倍首相の祖父・岸信介氏の思想にも通じるように、「国連・安全保障理事会の常任理事国になりたい」と、国連総会ではっきり宣言しました。

しかし、安全保障理事会は、アメリカとイギリスがくっつき、ロシアと中国がくっついて、フランスがその間で様子見をしているという権力構造です。この中で、日本を入れようとする動きがアメリカから出れば、ロシアと中国はかならず牽制することでしょう。以前、小泉内閣が常任理事国入りしようと活動したときも、まず中国が反対し、とどめにアメリカが反対しました。日本が国連常任理事国入りすることは、現実にはありえない夢物語なのです。

今回の戦争法は、日本がギラギラと野望を抱いて軍事大国になり、イスラム教諸国を攻撃するアメリカの二軍にみずから成り下がろうとするものです。せっかくイスラム教諸国とキリスト教諸国の相克から無縁であったのに、イスラム教諸国から進んで恨まれることになるのです。

正規の正面戦では勝てないイスラム教側は、いわゆる「ゲリラ戦」をやって対抗しようとしています。それが、キリスト教諸国からすれば「違法テロ」となっているのです。日本がこのままアメリカの二軍として突き進むならば、テロの標的になります。

平和大国だった70年は〝宝〟

戦争というものは、どんな場合もいずれくたびれて終わるのです。世界史でも日本史でもさまざまな戦国時代がありましたが、かならず終わりが訪れます。始まったばかりの頃や真っ最中のときには、戦争がこのまま永遠につづくような気がするかもしれません。でも、いつかは必ず終わるのです。

戦争にくたびれてきたときに、「止め男」がいると、戦争を終わらせやすくなります。そういう役割を果たせるのが、日本です。

日本はキリスト教諸国とイスラム教諸国、どちらとも経済的付き合いがあり、そして弱者の開き直りみたいなイスラム教諸国に対しても〝礼儀正しい商売相手〟としていじわるすることもなく良好な関係を築いてきました。だから、日本こそが900年続く十字軍戦争の打ち止めを手助けできるポジションにいるのです。

そして、どうでしょう。これからもずっと平和大国でありつづけたら、唯一のユニークな存在として世界史に残ります。

アメリカとイギリス、ロシアと中国、そしてフランスというように、五大国が三つ巴でにらみ合い、その欄外にはイスラム教諸国がにらんでいるのが国際情勢です。戦争なんて人と物が消耗するばかりで、勝っても負けても何も生みません。戦争ばかりしているアメリカは、ほとんど破産状態です。

こういうなかで、日本がもうひとつの新しい軸を立て、調整者・仲裁者としての役割を果たすならば、そのときこそ国連安保理常任理事国にも入る資格が出てくるのではないかと思います。戦争に手を染めず、国連のよきスポンサーとしてきちんと負担金を払い、文化交流や、戦争の仲裁者として生きていけばいいのです。そうやって世界平和に貢献する。私はこれがもっとも大事なことだと思います。

70年間、日本が世界史に先例のない平和大国でありつづけられたのは、ほかでもなく、憲法9条の制約があったからです。この素晴らしい地位を、安倍首相はアメリカの二軍になることによって、かなぐり捨てようとしている。本当に愚かで、もったいないことです。せっかく先祖がつくってくれた、かけがえのない財産です。

憲法9条があるゆえに平和大国でいられたこの70年。東京大学名誉教授の樋口陽一先生に公開のシンポジウム（2014年3月、於東京大学）でこの意義を問われて、私は「宝だと思う」と答えました。今は心からそう思っています。

4　われわれは王様を選んだわけではない

本書の25ページで触れたように、私は、戦争法は手続き上も議院内閣制を否定しており、違憲であると考えています。安倍首相はなにかにつけて「3回の国政選挙で信任された」と強調しますが、国会審議で真面目に答弁しようという態度は見られませんでした。このような態度は、日本国憲法がとっている議院内閣制とは大きく矛盾しますし、勘違いも甚《はなは》だしいことです。

ここでは、議院内閣制とは何かということから考えてみましょう。

まだ見ぬ将来を期限付きで預ける

現在、衆議院には４７５、参議院には２４２の定数があります。衆議院議員は１回で、参議院議員は２回に分けて、それぞれタイミングは異なりますが、選挙で選ばれます。衆院議員なら最大４年間、参院議員は６年間、その人に国政に参画してほしいと思われて選ばれるわけです。選ばれた総勢７１７人の国会議員たちは、相談しながら国会を運営しています。

このように主権者・国民が議員を選んで、その議員たちが議会で相談しながら政治を行うことを、代表民主制、代議制、間接民主制、議会制民主主義などと言います。

われわれ主権者が投票したその日、そこから先の将来を見たことがある人間は、この世のどこにもいません。われわれはまだ見ぬ時間を共同して歩んでいるのです。

歴史の流れのなかでは、突然、落盤事故が起きたり、地震や津波が起きたり、大火事が起きたり、どこかで戦争が起きたり、不況が襲ってきたり、いろんなことが起こりえます。そういう事態に対して、国会でいままでの法律や予算でよいかどうかを判断し、よければ内閣が執行しますが、必要があればいろいろな微調整をして国政を運営することになっています。

具体例を挙げると、酔っ払い運転による悲惨な自動車事故が増えたので、酔っ払い運転を厳罰化する。国際結婚が増えた分国際離婚も増えて、子どもの親権をめぐる悲惨なトラブルが起こるから、国際条約を受け容れて、民事訴訟法を整理する。子どもたちの学力が低下しているので教育関係の法令を改廃し、それに予算をつける。あるいは、オリンピック誘致に成功したから、選手の強化育成のために法律をつくったり予算をつけたりすることが行われています。

このように、主権者・国民がまだ見ぬ将来を期限付きで預けた人々が「議員」です。本来の政治とは、７１７人の国会議員が世界の現実を見つめ、相談しながら、法律をつくり法律を修正して、予算をつくり予算を補正して、その結果を「はい、これで政治をおやり」と内閣に下げ渡す。受けとった内閣がそれを執行する。執行する現場だからこそ、もらった法律や予算に不具合があるかどうかわかりますから、内閣がその修正を再提案する。こうした国会と内閣の協同関係を「議院内閣制」と言います。われわれの憲法はこのような仕組みを選んでいるのです。

「バカの壁」

安倍首相がよく使う「3回の選挙で自分は信任された」ということですが、戦争法について言えば、全部で296項目もあった自民党のマニフェストという公約文書のうち271番目、しかも抽象的に「安全保障法制を整備する」と記載しただけでした。「安全保障法制を整備する」なんてことは、いまと限らず、いつだってしなければならないことです。

それで選挙に勝った。だから、自分が考えているところの海外派兵法をつくってもいい。このような安倍首相の言い分は飛躍のしすぎです。しかも、選挙中には「安全保障法制」についていくら問われても、ぜんぜん答えようとせず、争点になるのをひた隠しにしていました。

その結果、何が起こったか。選挙で信任されたことを言い分に、選挙で議論もされなかった、非常に複雑怪奇で具体的な戦争法案を出してきて、国会での議論を噛み合わせようとすることもまったくなく、つまり議論しないという姿勢をとりつづけました。

この国会では、私もとりわけユニークな経験をしました。1セットの法案について、1国会で3回も参考人（および公述人）として招かれました。これまで20回ほど参考人を務めてきましたが、このようなことは初めてでした。

私はきちんとした学識に基づいて問題を分析しきり、持ち合わせている表現力を総動員して、明快に批判的発言をしました。しかし、この批判に対する答えはひとつも返ってきませんでした。納得して考えを改め、発言をやめる気になどなりようがありません。私はいまだに怒りつづけているわけです。

参考人である私の発言について議論にならなかったように、政府与党と野党間のやりとりを見ていると、「バカの壁」としか言いようのない壁が野党の前に立ちはだかっているのではないかと思いました。野党議員は、沈黙をつづける壁にむかって、虚しく正論をはきつづけているようでした。

壁の側は、衆議院で90時間、参議院で100時間を超えたと、時計ばかり見ています。そして、首相は1000回答弁した、防衛大臣は2000回答弁したと、席を立った回数を数えることに熱意を注いでいた。あれを答弁というのでしょうか。10種類くらいのパターン回答を繰り返すだけで、まったく議論にならなかったではないですか。

「朕は国家なり」

結局、安倍首相の言ったことがすべてそのままま かり通る。本会議で安倍首相が壇上で一席ぶつと、与党議員はスタンディング・オベイ。拍手の嵐で称えます。こんな風景、どこかで見たことがありませんか。おとなりの独裁国家が得意げに流している映像でよく見かける景色です。

つまり、立法権がまったく機能していないのです。国会が本来、立法権をもっているはずですが、どこへ行ってしまったのでしょうか。

それは、安倍首相の手の中です。「朕は国家なり」という王様のふるまいをしているのです。

日本もかつては王政でした。明治憲法のときです。どんな体制だったのか、少しおさらいしておきましょう。

明治憲法下にも、帝国議会はありました。しかし、立法権は王様である天皇がもっていました。ここが重要な事実です。天皇が行使する立法権に、帝国議会は「協賛」、つまり「協力」と「賛成」をするのだと明治憲法に書かれているのです。「あんたが大将！ エッサッサ」と拍手する。それが帝国議会の役割でした。

北朝鮮、ときどきの中国、そしていまの日本の国会、似ていると思いませんか。日本が似ているというのは、安倍首相が王様になっているからです。みごとに王政にとって代わっています。

ひとりが国を仕切るのが王政で、みんなで相談して運営するのが議会制民主主義です。日本は国民主権国家であり、主権者・国民に由来する最高権力は国会にあります。

そこを中心に動いている議院内閣制で、王政ではないはずです。しかし、安倍首相は明らかに議院内閣制を無視した王様の態度。これが憲法違反なのです。

議院内閣制の否定は、戦争法案の審議のときだけではありません。２０１５年の通常国会は95日間も延長され、９月27日に終了しました。野党５党は10月21日、憲法53条の規定に基づいて、衆参各４分の１以上の議員の要求として、臨時国会の召集を内閣に求めました。

ところが、テクニカルな話ではありますが、「いつまでに開けと書いてないから、開かなくてもいい」と自民党と法制局が言い出し、召集要求の無視を決めこみました。いまでも、臨時国会は開かれないまま放置されています。

これは法学的には違憲です。53条には「いづれかの議院の総議員の四分の一以上の要求があれば、内閣は、その召集を決定しなければならない」と明確に書いてあるのです。いつまでに開くという期日についても、じつは今の条文にも根拠があります。

憲法52条で通常国会を毎年１回召集しなければならないと定め、国会法２条で毎年１月に開くことを規定しています。だから２０１５年９月に通常国会が終わってから、翌2016年1月につぎの通常国会が開かれるまでに、要求された臨時国会を開かなくてはならないのです。憲法に書かれている条文が無制限なはずがありません。

議会制民主主義の復活を

いま、日本の国会は死んでいます。1回に800億円のカネをかけて選挙で国会議員を選んでいる意味がないのです。

自民党議員たちは、安倍首相に異論を言ったらつぎの選挙で公認をもらえないと思って、黙りこくっている。こんな議員は要りません。野党議員たちは結局、多数決で負けてしまうから、いくら批判したところで、「バカの壁」と化した政府与党に無視されるだけ。ほんとうにいまの国会は情けない状況になっています。

しかも、安倍政権を支える与党の議席が7割あっても、40%台しか得票していません。完全に選挙制度のマジックです。ほんの少しだけ上回っているにすぎない相対的な多数が、絶対的多数になるようにできている。これはスピーディーにものが決められる政治を実現するという建前で、20年前にできた選挙制度です。その当時、私は国会に参考人として呼ばれて賛成しました。しかし結局、「決められる政治」が「暴走する政治」になってしまったのです。

その原因は、40％台の得票で7割の議席をえた与党議員の多くが三世議員、四世議員で、みな小選挙区の支部長を務めていて、まるで世襲貴族のようになっているからです。対する野党は四分五裂してまとまっていなかった。だから野党共闘が必要なのです。

安倍首相にお追従《ついしょう》の拍手をするだけの機関になってしまっている国会から、議会制民主主義を生き返らせなければなりません。

5　緊急事態条項を口実にした改憲の罠

安倍首相は、かねてより「憲法改正が私の歴史的使命だ」といって憚《はばか》りませんが、改憲の前提として、政府・自民党は「押しつけ憲法論」を展開しています。「現憲法はアメリカから押しつけられたものだから、日本人独自の手で作り直さなければならない」というものです。しかしこの議論は、まったく有益ではありません。

無益な「押しつけ憲法論」

確かに、戦争で負けて、ＧＨＱの占領下におかれていたときに改正されたものですから、「押しつけられた」という側面はあるでしょう。しかし、当時の日本には、押しつけられなければならない事情がありました。

戦前の日本は、天皇中心の国体により軍国主義の道を歩み、無謀な戦争に突き進み敗北する結果になりました。そんな日本を改めて世界に参加させるためには、軍国主義を徹底的に排除して、人権を保障し、さらなる民主化を図る（ポツダム宣言の条件）必要がありました。ところが日本政府は、大日本帝国憲法のままで良いと、偏狭な姿勢を崩しませんでした。自分たちの体制の何が問題だったか、顧みることをしなかったのです。

ただここでは、押しつけられたかそうでないか、という議論よりも重要なことがあります。それは、結果として今、現憲法が主権者・日本国民に定着しているという事実です。現憲法が制定されたことで、軍国主義が平和主義に変わり、天皇主権が国民主権に変わり、専制国家が人権を尊重する国に変わりました。国家は国民にサービスをするために存在し、国家はわれわれの本質的な人格を侵すことはできない、という人権思想が取り入れられました。

客観的事実として、これ以上ない素晴らしい憲法を、GHQはわれわれに提示したということです。安倍首相の主張する押しつけ憲法論は、安倍首相の祖父・岸信介氏から受け継いでいるものですが、彼らのいう「日本民族が自ら手にした憲法」は、明治憲法しかありません。ですから彼らが「自主憲法の制定を目指す」というのは、実質的に「明治憲法を再び自分たちの手で取りもどそう」と言っているようなものです。

戦後、民主国家として歩んできた日本の歴史的な事実を見ずに、「押しつけられた憲法は無効だ」と主張するのは、もはや通用しません。なぜならば、大日本帝国憲法に逆戻りすることはありえないからです。

自民党の非常識な改憲案①――「愛」の強要

自民党は「憲法改正」の党是の下、2012年に「日本国憲法改正草案」を策定しました。その内容には憲法を利用して国民に義務を課す姿勢が見え隠れし、やはり

「憲法とは何か」をわかっていないと思わざるをえないものです。代表的な条文をあげてみます。

【第3条2項】（新設）
日本国民は、国旗及び国歌を尊重しなければならない。

【第24条】（新設）
家族は、社会の自然かつ基礎的な単位として、尊重される。家族は、互いに助け合わなければならない。

権力者が国民に対して、「国家を愛しなさい」「家族を尊重しなさい」と道徳について触れ、命じていますが、大きなお世話としか言いようがありません。その内容は、まさに大日本帝国憲法で、神たる主権者である天皇が、国民に説教をしていた明治憲法に戻るかのようなアナクロニズム（時代錯誤）です。

今、民法には、結婚の手続きと離婚の手続きが同等に定められています。民法は「対等な私人間の取引」を扱う法なので、法学的には結婚も、人生という代金を払って相手の人生という商品を買う、男と女の対等な取引です。しかし現実を見ますと、既婚者の3分の1が離婚に至るという統計結果がでています。人生で一番大切な契約を、一番興奮してのぼせ上がり、一番理性のないときに決めているのですから、間違いや矛盾が起こるのも当然のことです。

もちろん離婚や不倫を勧めているわけではありません。憲法に「家族は尊重されるべき」という義務が定められた場合、離婚をすることが憲法違反になり、権力者が刑法に「離婚や不倫をした人にはペナルティーを科す」と書くことも可能になる、ということが問題なのです。民法では自然な事実を認めて離婚が認められているにもかかわらず、「家族の尊重」を憲法で義務化することで、憲法が民法を壊すという事態も生じます。

言わずもがなではありますが、国家や家族への「愛」は、強要されるべきものではありません。愛というのは心の作用であり、好き嫌いの問題です。論理的に説明がつくものではありませんから、他者、ましてや国家から「間違っているよ」などと言われても直しようがありません。こうした心の作用に国家権力が介入することは、思想良心の自由に対する人権侵害に他なりません。

すでに何度も触れているように、本来、憲法は、主権者・国民が権力を預かる政治家や公務員に権限の枠組みを与えるものです。世襲貴族化した政治家が憲法で国民に対して枠をはめようとするなど、本末転倒も甚だしい。

自民党の非常識な改憲案②――人権感覚の欠如

日本国憲法第13条では、幸福追求権を規定しています。これは憲法の存在理由となる「人権の本質」を語った条文であり、私が大好きな条文です。

【第13条】

すべて国民は、個人として尊重される。生命、自由及び幸福追求に対する国民の権利については、公共の福祉に反しない限り、立法その他の国政の上で、最大の尊重を必要とする。

冒頭の「すべて国民は、個人として尊重される」とはどういうことでしょうか。人間はみな、一人の個性を持った人間（個人）として生まれてきますが、それゆえに、それだけの理由で、最高に尊い存在です。地球上には（双子も含め）同じ人間は一人も存在しません。この文章は、一人ひとりが他者と違っていることを保障され、「人としての尊厳」を保障される存在だということを示しています。

男か女か、金持ちか貧乏か、頭がいいか悪いか、背が高いか低いか、スポーツが得意かそうでないか……挙げればきりがありませんが、生まれた土地や属性などにかかわらず、とにかくその人として生まれてきたこと、それだけで「最高の価値」があることを、この条文は前提においているのです。

しかし自民党の改憲草案をみると、冒頭が「全て国民は、人として尊重される」となっています。「個人」という表記が「人」に変わっていることが重大です。なぜ、

「個」が消えたのか。２０１５年4月、自民党が作成した、憲法改正の政策パンフレット（「ほのぼの一家の憲法改正ってなあに？」）に、その理由が垣間見えます。

その中には、「個人の自由が強調されすぎて……家族の絆とか地域の連帯が希薄になった」という台詞がでてきます。つまりこの文章の変更には、個人主義に対する攻撃的な態度と同時に、国家・家族中心主義（全体主義）を望む態度が含まれているといえます。

人間は、自分が自分であること（自分の個性）を、社会から寛容に受け入れられて初めて、自由（幸福）を実感できる存在です。そして、「自分の個性を全《まっと》うし、幸せに生きられる環境を公権力に妨げられないように」と定められたのが、「人権」という法的な力です。自民党がこの条文において「個人」を「人」に変えたということは、国家権力を使って「個人」を抑制する意思が明確にある、ということです。その憲法観だけでなく、その人権感覚に対しても疑問を持たざるをえません。

無理筋な「お試し改憲」論

また自民党政府は、国民の強い反発に晒《さら》されて頓挫《とんざ》しないよう、「お試し改憲」というかたちで少しずつ憲法を改正していって、自民党改憲草案のかたちに近づけていこうという思惑を持っています。そしてこの間、さまざまな角度から改憲を策動しています。

例えば記憶にも新しいように、２０１３年には、「憲法改正要件の緩和」（第96条の改正）を切り出しました。

憲法の改正のためには、衆参それぞれの3分の2以上の賛成が必要で、さらに国民投票をして、過半数の賛成をえる必要があります。これだけ見ると確かにハードルが高いと思われるかもしれませんが、まったくの誤解です。

例えばアメリカは、上院・下院それぞれの3分の2以上の賛成（ここは日本と同じ）に加え、50の州の4分の3の州から、それぞれ同意を取り付けて初めて改正が可能になります。日本以上に高いハードルですが、制定以降すでに30回近く改正が行われています。条件が厳しいから改正できないというのは詭弁です。

しかも、そもそも憲法は、本来的に通常の法律よりも厳重な改正手続きを必要とされるべきものです。この考え方を「硬性憲法」といいます。憲法は国家の基本法ですから、容易に変更できてしまえば、骨格がぐらついてしまいます。また、憲法は権力者たちを縛る型ですから、法律の制定権を握っている権力者たちによって改正の提案がしやすいものにされて良いはずがありません。だから、他の法律以上に改憲のハードルが高くて当然なのです。

このように、安倍政権のいう憲法96条改正案は憲法破壊以外の何物でもなく、世論の批判の声にも晒されました。改憲策動は一時下火になりましたが、今度は「緊急事態条項」を口実にして改憲を言い出しています。

緊急事態条項は不要で危険

緊急事態（非常事態）とは、天変地異＝自然災害、戦争、大規模なテロや内乱が起きている事態を指します。すなわち、国家や都市が無秩序に破壊されて、社会が機能しなくなるときのことです。

２０１１年3月11日に東日本大震災を経験してより強い実感となりましたが、災害時には、国家が持ちうる物的・人的要素を使ってすばやく復旧支援に取りかからなければ、人の命が刻一刻と失われていきます。人命を第一に考えて復旧を滞りなく進ませるためには、個々人の私有財産を第一優先にはできない場合もあります。その点で、復旧支援には、権力の集中と人権の制限が伴うといえます。

しかし安倍政権の考える緊急事態条項は、災害などの非常時対策を盾に取り、安倍独裁政治の性格をより一層強めるだけのものです。条文を具体的に見ていきましょう。

【第98条】（新設）

内閣総理大臣は、我が国に対する外部からの武力攻撃、内乱等による社会秩序の混乱、地震等による大規模な自然災害その他の法律で定める緊急事態において、特に必要があると認めるときは、法律の定めるところにより、閣議にかけて、緊急事態の宣言を発することができる。

２　緊急事態の宣言は、法律の定めるところにより、事前又は事後に国会の承認を得なければならない。

３　内閣総理大臣は、前項の場合において不承認の議決があったとき、国会が緊急事態の宣言を解除すべき旨を議決したとき、又は事態の推移により当該宣言を継続する必要がないと認めるときは、法律の定めるところにより、閣議にかけて、当該宣言を速やかに解除しなければならない。また、百日を超えて緊急事態の宣言を継続しようとするときは、百日を超えるごとに、事前に国会の承認を得なければならない。

４　第二項及び前項後段の国会の承認については、第六十条第二項の規定を準用する。この場合において、同項中「三十日以内」とあるのは、「五日以内」と読み替えるものとする。

要するに、以下のようなことが書いてあります。

①緊急事態であるかどうかは、内閣（首相）が認定する。

②認定の法的効果として、内閣（首相）は法律と同一の効力を有する政令を制定することができる（＝主権者・国民の直接代表である国会が排他的に担っている立法権を、首相が預かる）。

③内閣（首相）は財政上必要な支出を自由にできるようになる（＝国会が排他的に握っている「国の財布のヒモ」を首相が預かる）。

さらに第99条では、首相は地方自治体の長に命令することができ、国民は公の指示に従う義務がある……と規定しています。

また、「緊急事態の認定には事前または事後に国会の承認を得ること」、「事態が1

00日を超える場合には、国会の事前承認を得ること」を条件としていますが、過半数の議席を有する与党である場合には、何の制約にもなりません。

つまりこの緊急事態条項は、首相が自称「客観的かつ合理的」に緊急事態であると認定すれば、三権分立、地方自治、基本的人権を停止できるという、憲法の根本を空洞化する大変危険なものなのです。

緊急事態は現行憲法下で対応できる

もともと私の学説としては、憲法で「非常事態条項」を明文化し、人権を制限するための根拠を示しておくべきだと考えていました。非常事態時に予算や法律をまとめ上げていくためには、一時的に議会制民主主義を否定し、政治家が半ば〝独裁的〟に動かなければ、人命保護を第一優先にできなくなる。非常事態時の国家のあるべき姿は、じつは憲法原則を否定した体制である、と考えていたためです。

しかし実際に阪神淡路大震災や東日本大震災のときに現場対応をした日本弁護士連

合会の報告で、現行憲法下でも十分災害の対応が可能だということがわかりました。

現在日本には「災害対策基本法」がありますが、これは憲法第12条（国民は自由・権利を濫用してはならない）と第13条（国民の権利は、公共の福祉に反しない限り最大限尊重される）を根拠にして作られています。

この二つの条文はいわゆる人権「総論」で、現行憲法のすべての条文にかかるものです。つまり、憲法で保障されているすべての人権に「濫用しない義務」と「公共の福祉に反しない」義務が随伴しており、「人権」の名の下でも何をしてもいいというわけではない、ということです。

非常事態時の場合の公共の福祉――すなわち、社会そのものの安全な状態は、一人ひとりの人権を確保するための前提として、誰にも否定できないものです。ですから、誰にとっても「安全である」社会という前提を保障するために、災害時など、一時的に個人の人権を制限するということは、現実に現行憲法で可能なのです。

しかも実際の現場を考えてみると、阪神淡路大震災のときも東日本大震災のときも、被災した地域以外は日常の生活を保っていて、むしろ被災地をバックアップしていました。

もっとも、災害時、現場である地方自治体に権限を下ろすための災害対策基本法の改正と、法を使い熟《こな》すための日常的な訓練は必要です。しかし、首相に「国王」のお墨付きを与えるような憲法改正はまったく必要ありません。

しかし、安倍政権だったら、そのときに「緊急事態宣言！」といって、不必要であるにもかかわらず日本全国を緊急事態体制化におき、独裁体制を整えるでしょう。もしくは、それは戦争に突き進むとき以外、使い道が考えられません。

安倍政権は、「国民は9・11を目撃したから、3・11を経験したから、〝緊急事態〟といえば納得する」と思っているのではないでしょうか。完全に国民をなめきっています。

憲法を露骨に軽んじている安倍政権がそれを提案するとは、何とも逆説的ではないでしょうか。

6　「野党共闘」以外に道はない

繰り返しますが、「3回の選挙で信任された」からといって、やることすべてが信任されたような態度をとる安倍政権は、議会制民主主義を弁えない独裁政権です。そんな政権に、このまま権力を与え続けていいのか。日本は民主国家の肩書きを捨てて、王様国家の道を歩むのか。この国の根本が、今、問われています。

安倍政権の「売国」政治

もはや戦争法に限った話ではありません。安倍政権の行っている政策は、「日本を取りもどす」といいながら、日本の主権をアメリカに「売り渡す」ような政策ばかりです。客観的に見て、自民党政権下では、「行政改革」のかけ声だけで、実際に国の財政は良くなっていません。それどころか、一般庶民には一方的に消費税の増税を押しつけておきながら、法人税は減税をする。言っていることとやっていることが完全に矛盾しています。

減税によって企業の利益は増えますが、おそらく増えた利益の半分は内部留保に、もう半分は投資家に配当されます。今、活力を失いつつある日本の企業には、アメリカのハゲタカ・ファンドが乗り出しています。

ハゲタカ・ファンドは短期で利鞘《りざや》を稼ぐという行動様式があり、企業への配当要求のプレッシャーも強く働きますから、法人税減税の大きなパーセンテージがアメリカに還流するということになります。政府が大企業に減税をしても、生まれた経済的余力はアメリカの資本家に流れるという構図です。

かわって、沖縄の辺野古新基地建設問題はどうでしょうか。日本にとって、沖縄に基地が集中していることは決して重要ではありません。アメリカの世界戦略の一環として日本に中継基地が必要だから、そして本土に基地を置くと抵抗が大きいから、沖縄に集中しているのです。沖縄県民の8割の声を無視して、「粛々」と建設を進める姿勢は、これも地方分権・民主主義に反しています。

また自民党は、2012年に「TPP断固反対」と言って総選挙をたたかいながら、アメリカに「日本では関税の壁が高すぎるから、関税を低くしなさい」と圧力をかけられた途端にやすやすと主張を変え、大筋合意にまで至りました。不思議なことに内容は言えないとしていますが、TPPが締結されれば、アメリカの農産物、保険、金融商品、医薬品が大量に輸入されることは間違いありません。

スーパーでは安い肉や野菜が並び、一時期は国民も良い思いをするかもしれません。しかしアメリカで遺伝子組み換えをされた食品が、人間のDNAにどのような影響を及ぼすかはまだ定かではなく、現段階で安全を保障されているとは言えません。

また政府は、日本の農家などに対して、高品質のものを作って対抗すれば市場競争は関係ないかのようなことを言います。しかし安い食品が大量に輸入されれば農家にとっては大打撃であることは火を見るよりも明らかです。

ただでさえ先進国の中で食料自給率が一番低い日本で、市場から食糧生産力を求められなくなったら、日本の農家はやる気をなくしてしまいます。それくらいは農家育ちでなくても想像できます。

日本人はこの土地で、何千年と日本的な農業をやってきました。しかし一度それを捨ててしまったら、土を作るところから始めなくてはなりません。そうすれば、食料をアメリカからの輸入に頼るしかなくなり、最初は安かった食品も、同じ値段では買えなくなるでしょう。

それぞれ安倍政権の進める政策は、日本の主権を「アメリカに売り渡す」どころか、「献上している」とさえいえます。安倍政権は本当に国民をバカにしていて、権力者である自分が声を大きくして言えば、白いものも黒くなるし、「右向け左」でも通用すると考えているように見えます。言ったもの勝ちだと考えているのでしょう。

ここであらためて確認しますが、国家は国民一人ひとりを幸せにするため、個人の自由と豊かさと平和を保障するために存在します。一部の権力者のために、国民がいるのではありません。この理屈がわかっていない安倍政権を選択し続けるのか。私は、断固拒否します。

政権交代は不可能ではない

しかし「憲法に違反する政府は許さない」といくら口で言っても、安倍政権にとっては痛くもかゆくもありません。「許さない」という主権者・国民の意思で、政権から引きずり下ろすしかないのです。

２０１４年の総選挙のとき、安倍政権の絶対得票率（全有権者に占める得票率）は約17％、得票率（投票に占める得票率）は48％で、議席占有率は75％でした。この状態は小選挙区制によるものですが、現在議席の過半数を占めているのは自民・公明両党ですから、選挙制度について議論をしても、いま制度は変わりません。大切なことは、野党が共闘して、50％以上の得票をえることです。

自民党と公明党も政策は水と油で、戦争法の論戦のときも「別の党だから政策が違って当たり前」と開き直っていたように、権力のために離れないだけなのです。野党にも、そのくらいのしたたかさが必要ではないでしょうか。

野党が選挙協力をして国会の過半数をえられれば、安倍政権が過半数を根拠にして押し切った暴挙を、きれいに帳消しにできます。「安倍政権よりはマシだろう」と思えば、幅広い野党相互協力ができるはずです。

憲法を軽んじる政権は、主権者・国民が許さずに交代させる。立憲主義を取りもどすことで、平和主義と民主的な議会制度(運営)を回復する。これは政策論争以前の、国の土台に関わる問題であり、憲政上、これ以上の大義はありません。

共産党への偏見、再考

一方、野党共闘の動きの中で、「共産党とは一緒にやれない」「革命政党とは一緒にできない」という声が聞かれます。私も、これまでは「普通」の日本人の一人として、「反共」という「常識」を共有していました。しかしこの間、改めて「共産」という概念を見直してみると、「反共常識」には一つも根拠がないと思うに至りました。

人間は不完全な存在ですから、特に資本に関しては、制限がなければ無限の欲を持ってしまう生き物です。今日本が歩んでいる「新自由主義」路線は、人間の欲望を刺激し、何よりも富をえることを優先させる暴力的で極端な資本主義です。「ブラック企業」や、一生派遣でいることを押しつける労働法制の改悪はその典型です。

一方「共産主義」の概念は、ギリシャ時代のプラトンも語っているように、「資本の独占を許さない」というものです。弱肉強食の「新自由主義」の、理性的なカウンターになる経済原理として、再評価できます。

「共産党はいいけれど、名前が嫌だ。変えればいいのに」という声も良く聞きますが、これは「君はいい男だけれど、〝小林節〟という名前は女みたいだから、〝小林節男〟に変えればいいのに」と言われているようなもので、ずいぶん失礼な話です。名前は人格の重要な要素なのですから。

また、共産党は「革命政党」とも言われますが、よく考えてみれば悪いことではありません。「革命」とは社会の体制が根本から急速に変化することを意味します。例えばアメリカの独立戦争は、英語では「American Revolution ＝アメリカ革命」と言います。専制国家から民主国家への移行、軍国主義から平和主義への移行など、体制と体制の間がフラットにつながらないことを「革命」と言うのです。〝急激な進歩〟という意味では「innovation＝革新」や「model change ＝型変え」と言ってもよいかもしれません。何も悪いことではなく、むしろ良いことです。

「暴力革命」という言葉もイメージされがちですが、議会制民主主義がある現代において、今の日本共産党にとっては関係のないことです。共産党の場合、体制側の都合の良い解釈で非合法とされてきた歴史もありますが、むしろ様々なレッテル貼りの中を良く生き延びた、と思えば良いのではないでしょうか。

補足として言えば、歴史の中で戦闘によって革命が起きた例を見ると、フランスならばブルボン王朝が、アメリカならばハノーヴァー王朝が、ロシアならばロマノフ王朝が――最初に民衆へ銃口を向けたのは常に体制の側です。革命を成し遂げた側は、銃を向けられて滅びる道よりも、銃を向け返してたたかう道を選んだだけです。

今われわれには、「安倍王朝」から民主国家を取りもどすために、革命的な努力が求められています。しかし幸いなことに、銃などをとる必要はありません。紙切れ一枚を投票箱に入れるだけで良いのです。

憲法を盾にたたかう

繰り返しますが、今、日本は再び王政の道を歩むのか、立憲主義・民主主義を取りもどして、民主国家の道を進むのか、二つに一つの判断を迫られています。私の老後だけではなく、われわれの子ども、孫の将来もかかっている問題です。

具体的には、２０１６年7月に控えている参議院選挙に向けて、小選挙区32の一人区で、いかに野党が協力できるかにかかっています。

32の区で選挙協力が成功すれば、憲法改正が阻めます。それどころか、衆参でねじれ国会の状態になり、日銀総裁人事も、「政府が右といったことを左というわけにはいかない」というスタンスのＮＨＫの会長人事も、安倍総理大臣の思い通りにできなくなります。

ただし、一人区での政権党は強い力を持っていますから、野党が集まっただけでかならず勝てるわけではありません。勝つためには、プライドの高い野党それぞれが党利党略に走ることなく、魅力的な政策と統一の候補者を押し出すことが必要です。

２０１６年2月19日に野党５党が選挙協力を合意した背景には、安倍政治に対するわれわれ国民の怒りと運動がありました。国会で戦争法が強行採決されたあとも、学者、大学生、高校生、ママたちが街頭でマイクを持ち、声を張り上げました。東京でも地方でも、「野党共闘」の声が広がっています。これは、「戦争法反対」の声がそうだったように、組織的なものではなく自然発生的なものです。

われわれは引きつづき、安倍政権の暴挙とそれに対する怒りを忘れずに、野党にプレッシャーをかけ続けていく必要があります。主権者・国民が憲法と立憲主義の概念を体現し、確立してみせれば、日本の民主主義はより豊かに発展するでしょう。

安倍政権があまりに過激にでてくれたおかげで、われわれも惰眠を貪ってはいられなくなりました。今こそ「憲法を盾にたたかう」体験ができるのではないかと思っています。

災い転じて福と成すように、ここはひとつ頑張って、われわれの手で政権交代を目指しましょう。

〔資料〕日本国憲法改正草案　自由民主党　平成二十四年四月二十七日（決定）／抜粋

最後に資料として、自由民主党が発表している「日本国憲法改正草案」のうち、実質的な修正事項を抜粋して掲載します。本書の第5章でもいくつかの条文を紹介して、自民党がいかに「憲法」というものを理解していないかを述べましたが、改憲草案の問題条文をつぎに列記しておきます。自民党の草案を眺めるときに、ぜひ注目してください。

前文――「家族が互いに助け合う」ことや「良き伝統を継承する」……と価値選択を押しつけている。

第3条2項――「国旗・国歌の尊重」という価値選択を押しつけている。

第9条の二3項――「法律の定めるところにより国際協調活動」（＝海外派兵）ができる。

第9条の三――国民の「国防協力義務」が読める。

第13条――全ての国民が「個人」から「人」に変更された。

第20条3項――靖国神社公式参拝を「社会的儀礼」として合憲化しようとしている。

第24条――「家族は互いに助け合わなければならない」とあり、離婚は違憲になってしまう？
法と道徳を混同している。

第36条――拷問・残虐刑が「絶対」禁止でなくなる？

第47条――議員定数配分には人口以外の要素も考慮できる？
第98・99条（緊急事態条項）――危険・不要な憲法（人権）停止条項である。
第100条――憲法改正要件の緩和。すなわち、憲法が最上位法でなくなる＝法の支配の崩壊。
第102条――憲法尊重擁護義務を「全国民」に拡大する。すなわち、権力者を縛る憲法を、権力者が国民を縛る憲法に変える？

＊ 以下の「日本国憲法改正草案」（抜粋）のうち、傍線は改正部分、ゴシックは自民党が「主な（実質的な）修文事項」としている部分です。

日本国憲法改正草案（抜粋）

（前文）

日本国は、長い歴史と固有の文化を持ち、国民統合の象徴である天皇を戴《いただ》く国家であって、国民主権の下、立法、行政及び司法の三権分立に基づいて統治される。

我が国は、先の大戦による荒廃や幾多の大災害を乗り越えて発展し、今や国際社会において重要な地位を占めており、平和主義の下、諸外国との友好関係を増進し、世界の平和と繁栄に貢献する。

日本国民は、国と郷土を誇りと気概を持って自ら守り、基本的人権を尊重するとともに、和を尊び、家族や社会全体が互いに助け合って国家を形成する。

我々は、自由と規律を重んじ、美しい国土と自然環境を守りつつ、教育や科学技術を振興し、活力ある経済活動を通じて国を成長させる。

日本国民は、良き伝統と我々の国家を末永く子孫に継承するため、ここに、この憲法を制定する。

第一章　天皇

（天皇）
第一条　天皇は、日本国の元首であり、日本国及び日本国民統合の象徴であって、その地位は、主権の存する日本国民の総意に基づく。

（国旗及び国歌）　※新設
第三条　国旗は日章旗とし、国歌は君が代とする。
2　日本国民は、国旗及び国歌を尊重しなければならない。

（元号）　※新設

第四条　元号は、法律の定めるところにより、皇位の継承があったときに制定する。

（天皇の国事行為等）

第六条　天皇は、国民のために、国会の指名に基づいて内閣総理大臣を任命し、内閣の指名に基づいて最高裁判所の長である裁判官を任命する。

2　天皇は、国民のために、次に掲げる国事に関する行為を行う。

一　憲法改正、法律、政令及び条約を公布すること。

二　国会を召集すること。

三　衆議院を解散すること。

四　衆議院議員の総選挙及び参議院議員の通常選挙の施行を公示すること。

五　国務大臣及び法律の定めるその他の国の公務員の任免を認証すること。

六　大赦、特赦、減刑、刑の執行の免除及び復権を認証すること。

七　栄典を授与すること。

八　全権委任状並びに大使及び公使の信任状並びに批准書及び法律の定めるその他の外交文書を認証すること。

九　外国の大使及び公使を接受すること。
十　儀式を行うこと。
3　天皇は、法律の定めるところにより、前二項の行為を委任することができる。
4　天皇の国事に関する全ての行為には、内閣の進言を必要とし、内閣がその責任を負う。ただし、衆議院の解散については、内閣総理大臣の進言による。
5　第一項及び第二項に掲げるもののほか、天皇は、国又は地方自治体その他の公共団体が主催する式典への出席その他の公的な行為を行う。　※新設

第二章　安全保障

（平和主義）
第九条　日本国民は、正義と秩序を基調とする国際平和を誠実に希求し、国権の発動としての戦争を放棄し、武力による威嚇及び武力の行使は、国際紛争を解決する手段としては用いない。
2　前項の規定は、自衛権の発動を妨げるものではない。

（国防軍）　※新設
第九条の二　我が国の平和と独立並びに国及び国民の安全を確保するため、内閣総理大臣を最高指

揮官とする国防軍を保持する。

2　国防軍は、前項の規定による任務を遂行する際は、法律の定めるところにより、国会の承認その他の統制に服する。

3　国防軍は、第一項に規定する任務を遂行するための活動のほか、法律の定めるところにより、国際社会の平和と安全を確保するために国際的に協調して行われる活動及び公の秩序を維持し、又は国民の生命若しくは自由を守るための活動を行うことができる。

4　前二項に定めるもののほか、国防軍の組織、統制及び機密の保持に関する事項は、法律で定める。

5　国防軍に属する軍人その他の公務員がその職務の実施に伴う罪又は国防軍の機密に関する罪を犯した場合の裁判を行うため、法律の定めるところにより、国防軍に審判所を置く。この場合においては、被告人が裁判所へ上訴する権利は、保障されなければならない。

（領土等の保全等）　※新設

第九条の三　国は、主権と独立を守るため、国民と協力して、領土、領海及び領空を保全し、その資源を確保しなければならない。

第三章　国民の権利及び義務

（国民の責務）

第十二条　この憲法が国民に保障する自由及び権利は、国民の不断の努力により、保持されなければならない。国民は、これを濫用してはならず、自由及び権利には責任及び義務が伴うことを自覚し、常に公益及び公の秩序に反してはならない。

（人としての尊重等）

第十三条　全て国民は、人として尊重される。生命、自由及び幸福追求に対する国民の権利については、公益及び公の秩序に反しない限り、立法その他の国政の上で、最大限に尊重されなければならない。

（思想及び良心の自由）

第十九条　思想及び良心の自由は、保障する。

（個人情報の不当取得の禁止等）　※新設

第十九条の二　何人も、個人に関する情報を不当に取得し、保有し、又は利用してはならない。

（信教の自由）

第二十条　信教の自由は、保障する。国は、いかなる宗教団体に対しても、特権を与えてはならない。

2　何人も、宗教上の行為、祝典、儀式又は行事に参加することを強制されない。

3　国及び地方自治体その他の公共団体は、特定の宗教のための教育その他の宗教的活動をしてはならない。ただし、社会的儀礼又は習俗的行為の範囲を超えないものについては、この限りでない。

（表現の自由）

第二十一条　集会、結社及び言論、出版その他一切の表現の自由は、保障する。

2　前項の規定にかかわらず、公益及び公の秩序を害することを目的とした活動を行い、並びにそれを目的として結社をすることは、認められない。　※新設

3　検閲は、してはならない。通信の秘密は、侵してはならない。

（国政上の行為に関する説明の責務）　※新設

第二十一条の二　国は、国政上の行為につき国民に説明する責務を負う。

（家族、婚姻等に関する基本原則）

第二十四条　家族は、社会の自然かつ基礎的な単位として、尊重される。家族は、互いに助け合わなければならない。　※新設

2　婚姻は、両性の合意に基づいて成立し、夫婦が同等の権利を有することを基本として、相互の協力により、維持されなければならない。

3　家族、扶養、後見、婚姻及び離婚、財産権、相続並びに親族に関するその他の事項に関しては、法律は、個人の尊厳と両性の本質的平等に立脚して、制定されなければならない。

（生存権等）

第二十五条　全て国民は、健康で文化的な最低限度の生活を営む権利を有する。

2　国は、国民生活のあらゆる側面において、社会福祉、社会保障及び公衆衛生の向上及び増進に努めなければならない。

（環境保全の責務）　※新設

第二十五条の二　国は、国民と協力して、国民が良好な環境を享受することができるようにその保全に努めなければならない。

（在外国民の保護）　※新設

第二十五条の三　国は、国外において緊急事態が生じたときは、在外国民の保護に努めなければならない。

（犯罪被害者等への配慮）　※新設

第二十五条の四　国は、犯罪被害者及びその家族の人権及び処遇に配慮しなければならない。

（教育に関する権利及び義務等）

第二十六条　全て国民は、法律の定めるところにより、その能力に応じて、等しく教育を受ける権利を有する。

2　全て国民は、法律の定めるところにより、その保護する子に普通教育を受けさせる義務を負う。義務教育は、無償とする。

3　国は、教育が国の未来を切り拓《ひら》く上で欠くことのできないものであることに鑑み、教育環境の整備に努めなければならない。　※新設

（勤労者の団結権等）

第二十八条　勤労者の団結する権利及び団体交渉その他の団体行動をする権利は、保障する。

2　公務員については、全体の奉仕者であることに鑑み、法律の定めるところにより、前項に規定する権利の全部又は一部を制限することができる。この場合においては、公務員の勤労条件を改善するため、必要な措置が講じられなければならない。
※新設

（財産権）
第二十九条　財産権は、保障する。
2　財産権の内容は、公益及び公の秩序に適合するように、法律で定める。この場合において、知的財産権については、国民の知的創造力の向上に資するように配慮しなければならない。
3　私有財産は、正当な補償の下に、公共のために用いることができる。

（拷問及び残虐な刑罰の禁止）
第三十六条　公務員による拷問及び残虐な刑罰は、禁止する。

第四章　国会

（議員及び選挙人の資格）
第四十四条　両議院の議員及びその選挙人の資格は、法律で定める。この場合においては、人種、信条、性別、障害の有無、社会的身分、門地、教育、財産又は収入によって差別してはならない。

（選挙に関する事項）
第四十七条　選挙区、投票の方法その他両議院の議員の選挙に関する事項は、法律で定める。この場合においては、各選挙区は、人口を基本とし、行政区画、地勢等を総合的に勘案して定めなければならない。

（通常国会）
第五十二条　通常国会は、毎年一回召集される。
2　通常国会の会期は、法律で定める。　※新設

（臨時国会）
第五十三条　内閣は、臨時国会の召集を決定することができる。いずれかの議院の総議員の四分の一以上の要求があったときは、要求があった日から二十日以内に臨時国会が召集されなければならない。

（衆議院の解散と衆議院議員の総選挙、特別国会及び参議院の緊急集会）

第五十四条　衆議院の解散は、内閣総理大臣が決定する。　※新設

2　衆議院が解散されたときは、解散の日から四十日以内に、衆議院議員の総選挙を行い、その選挙の日から三十日以内に、特別国会が召集されなければならない。

3　衆議院が解散されたときは、参議院は、同時に閉会となる。ただし、内閣は、国に緊急の必要があるときは、参議院の緊急集会を求めることができる。

4　前項ただし書の緊急集会において採られた措置は、臨時のものであって、次の国会開会の後十日以内に、衆議院の同意がない場合には、その効力を失う。

（表決及び定足数）

第五十六条　両議院の議事は、この憲法に特別の定めのある場合を除いては、出席議員の過半数で決し、可否同数のときは、議長の決するところによる。

2　両議院の議決は、各々その総議員の三分の一以上の出席がなければすることができない。

（内閣総理大臣等の議院出席の権利及び義務）

第六十三条　内閣総理大臣及びその他の国務大臣は、議案について発言するため両議院に出席することができる。

2　内閣総理大臣及びその他の国務大臣は、答弁又は説明のため議院から出席を求められたときは、出席しなければならない。ただし、職務の遂行上特に必要がある場合は、この限りでない。

（政党）　※新設

第六十四条の二　国は、政党が議会制民主主義に不可欠の存在であることに鑑み、その活動の公正の確保及びその健全な発展に努めなければならない。

2　政党の政治活動の自由は、保障する。

3　前二項に定めるもののほか、政党に関する事項は、法律で定める。

第五章　内閣

（内閣と行政権）

第六十五条　行政権は、この憲法に特別の定めのある場合を除き、内閣に属する。

（内閣の構成及び国会に対する責任）

第六十六条　内閣は、法律の定めるところにより、その首長である内閣総理大臣及びその他の国務大臣で構成する。

2　内閣総理大臣及び全ての国務大臣は、現役の軍人であってはならない。
3　内閣は、行政権の行使について、国会に対し連帯して責任を負う。

（内閣総理大臣が欠けたとき等の内閣の総辞職等）
第七十条　内閣総理大臣が欠けたとき、又は衆議院議員の総選挙の後に初めて国会の召集があったときは、内閣は、総辞職をしなければならない。
2　内閣総理大臣が欠けたとき、その他これに準ずる場合として法律で定めるときは、内閣総理大臣があらかじめ指定した国務大臣が、臨時に、その職務を行う。　※新設

（内閣総理大臣の職務）
第七十二条　内閣総理大臣は、行政各部を指揮監督し、その総合調整を行う。
2　内閣総理大臣は、内閣を代表して、議案を国会に提出し、並びに一般国務及び外交関係について国会に報告する。　※新設
3　内閣総理大臣は、最高指揮官として、国防軍を統括する。　※新設

（内閣の職務）
第七十三条　内閣は、他の一般行政事務のほか、次に掲げる事務を行う。

一　法律を誠実に執行し、国務を総理すること。
二　外交関係を処理すること。
三　条約を締結すること。ただし、事前に、やむを得ない場合は事後に、国会の承認を経ることを必要とする。
四　法律の定める基準に従い、国の公務員に関する事務をつかさどること。
五　**予算案及び法律案**を作成して国会に提出すること。
六　法律の規定に基づき、政令を制定すること。ただし、政令には、特にその法律の委任がある場合を除いては、**義務を課し、又は権利を制限する規定**を設けることができない。
七　大赦、特赦、減刑、刑の執行の免除及び復権を決定すること。

第六章　司法

（最高裁判所の裁判官）
第七十九条　最高裁判所は、その長である裁判官及び法律の定める員数のその他の裁判官で構成し、最高裁判所の長である裁判官以外の裁判官は、内閣が任命する。
2　最高裁判所の裁判官は、その任命後、**法律の定めるところにより、国民の審査を受けなければならない。**

3　前項の審査において罷免すべきとされた裁判官は、罷免される。
4　最高裁判所の裁判官は、法律の定める年齢に達した時に退官する。
5　最高裁判所の裁判官は、全て定期に相当額の報酬を受ける。この報酬は、在任中、分限又は懲戒による場合及び一般の公務員の例による場合を除き、減額できない。

（下級裁判所の裁判官）
第八十条　下級裁判所の裁判官は、最高裁判所の指名した者の名簿によって、内閣が任命する。その裁判官は、法律の定める任期を限って任命され、再任されることができる。ただし、法律の定める年齢に達した時には、退官する。
2　前条第五項の規定は、下級裁判所の裁判官の報酬について準用する。

第七章　財政

（財政の基本原則）
第八十三条　国の財政を処理する権限は、国会の議決に基づいて行使しなければならない。
2　財政の健全性は、法律の定めるところにより、確保されなければならない。　※新設

（予算）

第八十六条　内閣は、毎会計年度の予算案を作成し、国会に提出して、その審議を受け、議決を経なければならない。

2　内閣は、毎会計年度中において、予算を補正するための予算案を提出することができる。※新設

3　内閣は、当該会計年度開始前に第一項の議決を得られる見込みがないと認めるときは、暫定期間に係る予算案を提出しなければならない。※新設

4　毎会計年度の予算は、法律の定めるところにより、国会の議決を経て、翌年度以降の年度においても支出することができる。※新設

（公の財産の支出及び利用の制限）

第八十九条　公金その他の公の財産は、第二十条第三項ただし書に規定する場合を除き、宗教的活動を行う組織若しくは団体の使用、便益若しくは維持のため支出し、又はその利用に供してはならない。

2　公金その他の公の財産は、国若しくは地方自治体その他の公共団体の監督が及ばない慈善、教育若しくは博愛の事業に対して支出し、又はその利用に供してはならない。

（決算の承認等）

第九十条　内閣は、国の収入支出の決算について、全て毎年会計検査院の検査を受け、法律の定めるところにより、次の年度にその検査報告とともに両議院に提出し、その承認を受けなければならない。

2　会計検査院の組織及び権限は、法律で定める。

3　内閣は、第一項の検査報告の内容を予算案に反映させ、国会に対し、その結果について報告しなければならない。　※新設

第八章　地方自治

（地方自治の本旨）　※新設

第九十二条　地方自治は、住民の参画を基本とし、住民に身近な行政を自主的、自立的かつ総合的に実施することを旨として行う。

2　住民は、その属する地方自治体の役務の提供を等しく受ける権利を有し、その負担を公平に分担する義務を負う。

（地方自治体の種類、国及び地方自治体の協力等）

第九十三条　地方自治体は、基礎地方自治体及びこれを包括する広域地方自治体とすることを基本とし、その種類は、法律で定める。　※新設

2　地方自治体の組織及び運営に関する基本的事項は、地方自治の本旨に基づいて、法律で定める。

3　国及び地方自治体は、法律の定める役割分担を踏まえ、協力しなければならない。地方自治体は、相互に協力しなければならない。　※新設

（地方自治体の議会及び公務員の直接選挙）

第九十四条　地方自治体には、法律の定めるところにより、条例その他重要事項を議決する機関として、議会を設置する。

2　地方自治体の長、議会の議員及び法律の定めるその他の公務員は、当該地方自治体の住民であって日本国籍を有する者が直接選挙する。

（地方自治体の財政及び国の財政措置）　※新設

第九十六条　地方自治体の経費は、条例の定めるところにより課する地方税その他の自主的な財源をもって充てることを基本とする。

2　国は、地方自治体において、前項の自主的な財源だけでは地方自治体の行うべき役務の提供ができないときは、法律の定めるところにより、必要な財政上の措置を講じなければならない。

3　第八十三条第二項の規定は、地方自治について準用する。

（地方自治特別法）

第九十七条　特定の地方自治体の組織、運営若しくは権能について他の地方自治体と異なる定めをし、又は特定の地方自治体の住民にのみ義務を課し、権利を制限する特別法は、法律の定めるところにより、その地方自治体の住民の投票において有効投票の過半数の同意を得なければ、制定することができない。

第九章　緊急事態　※新設

（緊急事態の宣言）

第九十八条　内閣総理大臣は、我が国に対する外部からの武力攻撃、内乱等による社会秩序の混乱、地震等による大規模な自然災害その他の法律で定める緊急事態において、特に必要があると認めるときは、法律の定めるところにより、閣議にかけて、緊急事態の宣言を発することができる。

2　緊急事態の宣言は、法律の定めるところにより、事前又は事後に国会の承認を得なければならない。
3　内閣総理大臣は、前項の場合において不承認の議決があったとき、国会が緊急事態の宣言を解除すべき旨を議決したとき、又は事態の推移により当該宣言を継続する必要がないと認めるときは、法律の定めるところにより、閣議にかけて、当該宣言を速やかに解除しなければならない。また、百日を超えて緊急事態の宣言を継続しようとするときは、百日を超えるごとに、事前に国会の承認を得なければならない。
4　第二項及び前項後段の国会の承認については、第六十条第二項の規定を準用する。この場合において、同項中「三十日以内」とあるのは、「五日以内」と読み替えるものとする。

（緊急事態の宣言の効果）　※新設
第九十九条　緊急事態の宣言が発せられたときは、法律の定めるところにより、内閣は法律と同一の効力を有する政令を制定することができるほか、内閣総理大臣は財政上必要な支出その他の処分を行い、地方自治体の長に対して必要な指示をすることができる。
2　前項の政令の制定及び処分については、法律の定めるところにより、事後に国会の承認を得なければならない。
3　緊急事態の宣言が発せられた場合には、何人も、法律の定めるところにより、当該宣言に係る事態において国民の生命、身体及び財産を守るために行われる措置に関して発せられる国その他公の機関の指示に従わなければならない。この場合においても、第十四条、第十八条、第十九条、第二十一条その他の基本的人権に関する規定は、最大限に尊重されなければならない。

4　緊急事態の宣言が発せられた場合においては、法律の定めるところにより、その宣言が効力を有する期間、衆議院は解散されないものとし、両議院の議員の任期及びその選挙期日の特例を設けることができる。

第十章　改正

第百条　この憲法の改正は、衆議院又は参議院の議員の発議により、両議院のそれぞれの総議員の過半数の賛成で国会が議決し、国民に提案してその承認を得なければならない。この承認には、法律の定めるところにより行われる国民の投票において有効投票の過半数の賛成を必要とする。

2　憲法改正について前項の承認を経たときは、天皇は、直ちに憲法改正を公布する。

第十一章　最高法規

※現行九十七条削除

（憲法尊重擁護義務）

第百二条　全て国民は、この憲法を尊重しなければならない。

2　国会議員、国務大臣、裁判官その他の公務員は、この憲法を擁護する義務を負う。

小林　節（こばやし・せつ）

慶應義塾大学名誉教授、弁護士。法学博士、名誉博士（オトゥゴンテンゲル大学〈モンゴル〉）。

1949年東京都生まれ。1977年慶大大学院法学研究科博士課程修了。ハーバード大学ロー・スクール客員研究員等を経て、1989年慶大教授。北京大学招聘教授、ハーバード大学ケネディ・スクール・オブ・ガヴァメント研究員等を兼務したのち、2014年慶大名誉教授に就任。

著書に『「憲法改正」の真実』（樋口陽一氏との共著、2016年、集英社新書）、『安倍「壊憲」を撃つ』（佐高信氏との共著、2015年、平凡社新書）、『憲法改正の覚悟はあるか――主権者のための「日本国憲法」改正特別講座』（ＫＫベストセラーズ、2015年）、『白熱講義！集団的自衛権』（ベスト新書、2014年）、『自民党憲法改正草案にダメ出し食らわす！』（伊藤真氏との共著、合同出版、2013年）ほか多数。

なぜ憲法学者《けんぽうがくしゃ》が「野党共闘《やとうきょうとう》」を呼《よ》びかけるのか

2016年５月10日　初　版
2016年５月15日　第２刷

著　者　小　林　　節
発行者　田　所　　稔

郵便番号　151-0051　東京都渋谷区千駄ヶ谷４-25-6
発　行　所　株式会社　新　日　本　出　版　社
電話　03（3423）8402（営業）
03（3423）9323（編集）
info@shinnihon-net.co.jp
www.shinnihon-net.co.jp
振替番号　00130-0-13681
印刷・製本　光陽メディア

落丁・乱丁がありましたらおとりかえいたします。

ISBN978-4-406-06010-3　C0031　Printed in Japan